教育部职业教育与成人教育司推荐教材

职业教育市场营销专业教学用书

现代市场营销策略

（第3版）

徐紫燕　宋　锐　主编

電子工業出版社

Publishing House of Electronics Industry

北京·BEIJING

内容简介

本书结合现代市场营销工作岗位的能力要求，介绍了市场营销的概念、现代市场营销意识、市场营销环境、消费者需求、市场细分程序、营销组合策略、市场调查与预测、产品市场寿命周期、品牌策略、定价策略、分销渠道选择与管理、现代促销策略、网络营销等内容。章节安排紧凑，内容生动活泼，可操作性强。每一章均安排有实训内容，分为课堂训练和实战演习，有助于快速培养和提高学生的市场营销工作能力。

本书是教育部职业教育与成人教育司推荐教材，可作为中等职业学校现代市场营销专业的教学用书，也可作为企业一线市场营销人员的实战性培训手册。

本书还配有电子教学参考资料包，包括教学指南、电子教案、习题答案及电子模拟试题（自动生成答案），详见前言。

图书在版编目（CIP）数据

现代市场营销策略 / 徐紫燕，宋锐主编．—3 版．—北京：电子工业出版社，2016.6
ISBN 978-7-121-28901-9

Ⅰ．①现… Ⅱ．①徐… ②宋… Ⅲ．①市场营销学－中等专业学校－教材 Ⅳ．①F713.50

中国版本图书馆 CIP 数据核字（2016）第 113573 号

策划编辑：徐　玲
责任编辑：王凌燕
印　　刷：北京七彩京通数码快印有限公司
装　　订：北京七彩京通数码快印有限公司
出版发行：电子工业出版社
　　　　　北京市海淀区万寿路 173 信箱　邮编　100036
开　　本：787×1 092　1/16　印张：10.25　字数：262.4 千字
版　　次：2005 年 5 月第 1 版
　　　　　2016 年 6 月第 3 版
印　　次：2018 年12月第 6 次印刷
定　　价：25.00 元

凡所购买电子工业出版社图书有缺损问题，请向购买书店调换。若书店售缺，请与本社发行部联系，联系及邮购电话：（010）88254888，88258888。

质量投诉请发邮件至 zlts@phei.com.cn，盗版侵权举报请发邮件至 dbqq@phei.com.cn。

本书咨询联系方式：xuling@phei.com.cn。

前言

2012 年 6 月 6 日，北京小桔科技有限公司成立，到 2015 年滴滴由打车软件变为滴滴出行平台，滴滴已从出租车打车软件，成长为涵盖出租车、专车、快车、顺风车、代驾及大巴等多项业务在内的一站式出行平台，被称为手机"打车神器"，是受用户喜爱的"打车"应用。"滴滴出行"App 改变了传统打车方式，建立了大移动互联网时代下引领的用户现代化出行方式。相比传统电话约车与路边招手来说，滴滴打车的诞生更是改变了传统打车市场的格局，颠覆了路边拦车概念，利用移动互联网的特点，将线上与线下相融合，从打车初始阶段到下车使用线上支付车费，画出一个乘客与司机紧密相连的 O2O 完美闭环，最大限度优化乘客打车体验，改变传统出租司机等客方式，最大化节省司乘双方的资源与时间。它的优势在于匹配用户和司机的需求，减少司机的空载，提高效率。截至 2015 年 12 月，第三方调研数据显示，滴滴已占据国内出租车叫车软件市场 99%的份额。据预测，2015 年 GMV 将达到 120 亿美元，而规模化必然伴随着不断延展的品牌冲动。目前，滴滴每天实现 300 万份出租车订单，超过 300 万份的专车订单，峰值 223 万份的顺风车订单，网络营销业务覆盖全国 360 个城市。

网络营销战略是指企业利用现代信息网络资源开展营销活动的一种战略思想。自 20 世纪 90 年代以来，全球兴起了"信息高速公路热"，"信息高速公路"的中心枢纽是互联网络。互联网络超越时空组织联合研究、开发、生产及流通，为企业营销带来新的契机，预示着网络时代的到来，互联网+已经成为重要的营销方法。为此，本书也增加了网络营销的内容。

然而，网络营销不可能完全取代传统营销，即使在今后可预见的很长的一段时期，网络营销和传统营销将互相影响、互相补缺和互相促进，直至到最后实现相互融合的内在统一。网络营销不可能完全取代传统营销鉴于下述理由：

1．到目前为止，在互联网上的电子商务市场仅仅是整个商品市场的一部分，从电子商务市场的交易金额来看，仅仅占整个市场交易金额的一部分。

2．作为在网上新兴的虚拟市场，它所覆盖的消费群体也只是整个市场中的某一部分群体，其他许多群体由于各种原因还不能或者不愿意使用互联网，如各国的老年人和落后国家与地区的消费者。

3．互联网作为一种有效的营销渠道有着自己的特点和优势，但许多消费者由于个人生活方式的原因不愿意接受或者使用新的沟通方式和营销渠道，如许多消费者习惯于在传统的商场里购物（休闲）而不愿意在网上购物。

4．营销活动所面对的是有灵性的人，而互联网只是一种工具，因此传统的以人为本的营销策略所具有的独特的亲和力是网络营销所无法替代的。

"在全民创业、万众创新"的新时代，现代市场营销策略也会紧紧跟随时代的步伐，向全新的领域发展。

随着我国市场经济的不断发展和完善，企业也越来越重视市场营销活动，从事市场营销工作的人员数量也越来越多，我们应该把全新的市场营销理念告诉他们，提高市场营销人员的现代营销意识。

职业教育是要为企业提供大量的在一线工作的应用型人才，在教学上要结合岗位工作过程与要求进行技能训练和能力的培养。本书正是遵循这一原则，摒弃传统市场营销教材追求理论体系完整的风格，针对市场营销人员的工作岗位要求和职业院校学生的特点，突出技能训练，将市场营销人员所需要的各种技能巧妙地融合在基本理论中，从而将本书编写成为一本不仅适合学生，而且适合企业一线市场营销人员的实战性培训手册。

由于时代的进步，形势的发展，上一版的许多案例也需要推陈出新，与时俱进。为了跟上时代前进的脚步，我们进行了修订。在本次修订中，强化了本书四大特点。一是实用性强，技能训练贯穿全书，既有课堂训练，又有课外实战演习，尤其适合企业市场营销人员的岗前培训。二是理论知识以“适度、够用”为原则，摒弃“繁、难、偏、旧”的内容。语言文字通俗易懂，辅以大量的案例进行说明，并配有清晰的插图和提示，大大增强了本书的可读性和趣味性。三是内容新颖，在结构上大胆创新、独树一帜，内容选取以新近发生的案例为主，每一章以启发性的案例引入主题，将答案巧妙地写入正文，并把知识要点和能力要点集中提炼出来。在每一章结束时，还对重点内容进行了总结。四是编写人员力量强大，编写组全体成员既有丰富的教学经验，同时均在企业任职，且长期从事培训工作，对企业营销工作的具体内容和学生基本情况都非常熟悉，从而保证本书具有很强的实用价值。对授课教师而言，本书既是教材，也是参考工具书。

由于时间紧迫，在编写过程中难免存在疏漏，恳请全国的专家和广大学员以及企业一线的市场营销人员提出宝贵的意见，共同为我国现代市场营销人才的发展、壮大做出贡献。

本书由徐紫燕、宋锐担任主编，周静编写第 1 章，樊谆编写第 2 章和第 3 章，徐翠梅、陈桂荣编写第 4 章、徐翠梅编写第 5 章，宋晶晶编写第 6 章，刘祥编写第 7 章，詹露编写第 8 章，汪静编写第 9 章。

为了方便教师教学，徐云、黄桂荣、王颖制作了电子教学参考资料包，包括教学指南、电子教案、习题答案及电子模拟试题（自动生成答案），请有此需要的教师登录华信教育资源网（www.hxedu.com.cn）免费注册后再进行下载，在有问题时请在网站留言板留言或与电子工业出版社联系（E-mail: hxedu@phei.com.cn）。

本书通过教育部认定，作为教育部职业教育与成人教育司推荐教材。

编　者

2016 年 1 月

目 录

第 1 章　市场营销概述……1
引例 1……1
1.1　市场的含义和类型……2
1.1.1　什么是市场……2
1.1.2　市场的类型……3
1.2　市场营销……4
1.2.1　市场营销的含义……5
1.2.2　市场营销的几个核心概念……6
1.3　市场营销的观念……8
1.3.1　营销观念的演变……8
1.3.2　现代市场营销意识……11
本章小结……13
习题 1……13
案例分析 1——从"福岛"大地震看日本市场营销策略的变化……15
实训 1……15
第 2 章　市场营销环境……17
引例 2……17
2.1　市场营销环境概述……18
2.1.1　市场营销环境的含义……18
2.1.2　市场营销环境与企业市场营销……18
2.2　宏观市场营销环境分析……19
2.2.1　人口环境……19
2.2.2　经济环境……20
2.2.3　自然环境……21
2.2.4　政治、法律环境……22
2.2.5　技术环境……22
2.2.6　社会文化环境……22
2.3　微观市场营销环境分析……24
2.3.1　企业内部环境……24
2.3.2　供应商……24
2.3.3　营销中介人……24
2.3.4　顾客……25
2.3.5　竞争者……25
2.3.6　公众……26
2.4　消费者市场需求……26

2.4.1 消费者的需求特点 ······ 27
2.4.2 消费者购买行为分析 ······ 28
2.4.3 消费者购买决策过程分析 ······ 30
本章小结 ······ 30
习题 2 ······ 31
案例分析 2——沃尔玛和家乐福撤离韩国 ······ 32
实训 2 ······ 32
第 3 章 市场细分 ······ 34
引例 3 ······ 34
3.1 市场细分 ······ 35
3.1.1 市场细分的含义 ······ 35
3.1.2 市场细分的作用 ······ 35
3.1.3 市场细分的依据 ······ 36
3.1.4 市场细分的程序 ······ 38
3.2 目标市场 ······ 39
3.2.1 目标市场的含义 ······ 39
3.2.2 目标市场的选择标准 ······ 39
3.2.3 目标市场的营销策略 ······ 39
3.2.4 影响目标市场营销策略选择的因素 ······ 40
3.3 市场定位 ······ 41
3.3.1 市场定位的含义 ······ 42
3.3.2 市场定位的依据 ······ 42
3.3.3 市场定位的策略 ······ 43
3.4 市场营销组合 ······ 44
3.4.1 市场营销组合的含义及其发展 ······ 44
3.4.2 市场营销组合的特点 ······ 45
3.4.3 制定市场营销组合策略 ······ 45
本章小结 ······ 46
习题 3 ······ 47
案例分析 3——“狗不理”杭州失宠 ······ 48
实训 3 ······ 49
第 4 章 市场调查与预测 ······ 50
引例 4 ······ 50
4.1 市场调查的内容 ······ 51
4.1.1 市场调查的含义及作用 ······ 51
4.1.2 市场调查的程序 ······ 52
4.2 市场调查的方法 ······ 54
4.2.1 市场调查的具体方法 ······ 54
4.2.2 市场调查的策略和技巧 ······ 58
4.3 市场预测的含义和类型 ······ 60

4.3.1 市场预测的含义……60
4.3.2 市场预测的类型……61
4.4 市场预测的原则……62
4.5 市场预测的一般程序……63
4.6 市场预测方法……64
4.6.1 定性预测方法……64
4.6.2 定量预测方法……64
本章小结……64
习题 4……64
案例分析 4——向洋葱认输……65
实训 4……65
第 5 章 产品策略……67
引例 5……67
5.1 产品市场寿命周期……68
5.1.1 产品市场寿命周期的含义……68
5.1.2 产品市场寿命周期的四个阶段……69
5.1.3 产品市场寿命周期各阶段的市场营销策略……70
5.2 产品组合策略……71
5.2.1 产品组合的含义……71
5.2.2 产品组合中的几个重要概念……72
5.2.3 产品组合策略……72
5.3 产品品牌策略……73
5.3.1 品牌……73
5.3.2 商标……73
5.3.3 商标和品牌的区别……74
5.3.4 品牌策略……74
5.4 产品包装策略……76
5.4.1 产品包装的含义和作用……76
5.4.2 包装的种类……77
5.4.3 包装的设计要求……77
5.4.4 包装策略……78
5.5 新产品开发……79
5.5.1 新产品的概念与分类……79
5.5.2 开发新产品的意义……79
5.5.3 新产品的开发程序……80
5.5.4 新产品推广……81
本章小结……82
习题 5……82
实训 5……82
阅读材料 5——一点儿的骄傲……83

第 6 章 定价策略 85
引例 6 85
6.1 影响价格的因素 86
6.1.1 价格的含义 86
6.1.2 价格弹性 87
6.1.3 影响产品定价的因素 88
6.2 定价的主要方法 89
6.2.1 成本导向定价法 89
6.2.2 需求导向定价法 91
6.2.3 竞争导向定价法 92
6.3 定价策略 93
6.3.1 企业的定价目标 93
6.3.2 产品定价策略 93
本章小结 97
习题 6 97
案例分析 6——推销怪才巧定价格 98
实训 6 99
第 7 章 分销渠道策略 101
引例 7 101
7.1 分销渠道的含义、作用和构成 102
7.1.1 分销渠道的含义 102
7.1.2 分销渠道的作用 102
7.1.3 分销渠道的构成 103
7.2 选择中间商 104
7.2.1 批发商 105
7.2.2 零售商 106
7.3 分销渠道的管理 106
7.3.1 影响分销渠道选择的因素 107
7.3.2 分销渠道策略 109
7.3.3 分销渠道的管理 111
本章小结 113
习题 7 114
案例分析 7——王先生的美容代理经验 114
实训 7 115
第 8 章 现代促销策略 117
引例 8 117
8.1 促销的含义和目的 118
8.1.1 什么是促销 118
8.1.2 在什么情况下需要促销 118
8.2 促销的主要方式 119

8.2.1 赠送优惠券……120
8.2.2 折价优待……121
8.2.3 集点优待……122
8.2.4 竞赛与抽奖……123
8.2.5 免费试用……124
8.2.6 零售补贴……125
8.2.7 POP 广告……127
8.2.8 其他促销方式……128
8.3 促销方案的策划……129
8.3.1 策划促销方案的程序……129
8.3.2 拟订促销方案应考虑的主要因素……130
本章小结……130
习题 8……131
案例分析 8——适时＋低价 销售暴增……132
实训 8……132
阅读材料 8——促销的“漏洞”……133
第 9 章 网络营销策略……134
引例 9……134
9.1 网络营销概述……135
9.1.1 网络营销的基本概念……135
9.1.2 网络营销市场环境……135
9.2 网络营销的基本方式……136
9.2.1 传统电商模式下的网络营销……136
9.2.2 植入式网络营销……138
9.2.3 社交网络时代下的“微”营销……140
9.2.4 O2O 式的立体网络营销……142
9.3 网络营销与传统营销……143
9.3.1 网络营销与传统营销的联系与区别……143
9.3.2 网络营销对传统营销的冲击……144
9.3.3 网络营销与传统营销的整合……144
本章小结……146
扩展阅读：流行网络营销推广手法介绍……147
习题 9……147
案例分析 9——经典成功案例“吃垮必胜客”……148
实训 9……149
阅读材料 9——淘宝——原来奔驰也能团……149
参考文献……151

CHAPTER

1

第1章 市场营销概述

知识要点

- ❖ 市场的含义和类型。
- ❖ 现代市场营销的含义。
- ❖ 市场营销含义中所包含的几个重要概念。
- ❖ 几种最新的市场营销理念。
- ❖ 营销人员应具备的现代市场营销意识。

能力要点

- ❖ 树立正确的市场营销观念，培养现代市场营销意识。
- ❖ 培养和提高学生的语言表达能力、沟通能力、团队精神和合作意识。

引例1

微软公司，这个统治全球个人计算机操作系统以及提供全方位应用软件开发的“巨无霸”，在1975年成立之初只是一家默默无闻的小型应用软件开发公司。当时，微软公司在实施多元计划后，开发出一种被称为“多用工具”的软件，这种软件在当时十分先进，强大的功能使其明显优越于其他任何公司的产品。在产品上市之前的研讨会上，大家都认为这款产品应该叫做“多用工具”，在包装最显眼的地方标示出来，突出“多用工具”。但罗兰德·汉森极力反对，他是比尔·盖茨从肥皂大王尼多格拉公司挖来的营销副总裁，虽然他对软件一窍不通，但他却是个营销高手。他批评包括比尔·盖茨在内的专家根本不懂消费者的心理，他告诫比尔·盖茨，要想让公司的产品在市场上站住脚，必须塑造自己的品牌，他主张微软公司所有的产品都应该只使用一个品牌——“微软”。两种意见各有道理，软件设计师认为“多用工具”能够紧紧抓住用户的好奇心，而“微软”这个名字默默无闻，消费者并不一定认可，导致这款产品强大的功能不被人重视，很可能对销售造成巨大影响；罗兰德·汉森则认为“微软”这个品牌虽然暂时不为大家所熟悉，但时间一长，“微软”就会家喻户晓，而如果微软公司每个新产品都取不同的名字，消费者记住的只是“多用工具”等产品名称，而对公司名称却难以留下深刻的印象。那么，这款具有强大的新功能的产品到底应该叫什么名字呢？

1.1 市场的含义和类型

如果问什么是市场？你可能会说，这还用问，地球人都知道，买菜去菜市场，买衣服到服装市场，市场嘛，就是买卖东西的地方。

1.1.1 什么是市场

要回答这个问题，就要先了解市场是怎么形成的。

在原始社会，人们就有了社会分工，不同的人从事不同的生产，有种地的、有狩猎的、有捕鱼的……种地的不能一辈子只吃粮食，他们需要吃鱼和野味，同样的道理，捕鱼的和狩猎的也需要粮食，这就不可避免地出现了交换。随着交换行为的日益频繁，人们彼此都觉得应该有一个相对固定的地方来专门进行各种物品的交换，当这个专门用来交换的地方被固定后，规模就越来越大，慢慢就形成了市场。即使在今天，有的乡镇仍然保留了赶集的习俗，在固定的时间，人们从四面八方赶到一个固定的地方进行交易，交易完毕，又各自散去。当然，现在的交换不再是以物易物，而是以货币换取商品。

1. 市场的第一个概念

市场是买卖双方交易的场所。我们所熟悉的菜市场、电器市场、服装市场等，都是专门供买卖双方进行商品交换的场所。这些市场有几个共同的特点：既有买方也有卖方；有一定的交易场所和条件；有较为固定的交换活动。如果只有买方或只有卖方，就不可能形成交换；如果这个场所只是偶尔用于交换，也不能称为市场；而且如果交换的规模不大，人数太少，仍然不能称为市场。必须同时满足这三个条件，才能称为市场。

随着科技的进步，经济的发展，交易品种越来越多，交易手段日益现代化，很多交易不需要固定的场所也能进行，比如通过电话就可以完成各种交易，而通过互联网交易则更为便利，人们在网络上选择商品并通过网络支付货币，不仅不需要场所，甚至买卖双方彼此之间都不需要见面。

2. 市场的第二个概念

市场是消费者对某种商品的需求总量。市场营销是站在卖方的立场研究消费者需求的特征和规律的一门学科。我们常说某种商品有没有市场，市场是大还是小，不是指场所，而是指有没有需求，需求量有多大。

本书着重强调市场的后一层含义，主要从生产者的角度来研究消费者及其需求，从而帮助生产者顺利实现商品交换，而不是从消费者的角度去研究生产者的行为特征。

从不同的角度出发，对市场有不同的解释，既可以说市场是买卖双方交易的场所，也可以说市场是消费者对某种商品的需求总量。从经济学的角度讲，市场还有第三个概念：市场是商品交换关系的总和。在本书中，我们主要讨论市场的前两个概念，尤其是第二个概念，因此，下面将市场等同于需求。

> 市场的三个概念：一指场所；二指需求；三指商品交换关系的总和。

1.1.2　市场的类型

对市场进行分类有助于企业深入了解各种市场的不同特点，为确定目标市场与制定市场营销策略提供决策依据。市场的分类如图 1-1 所示。

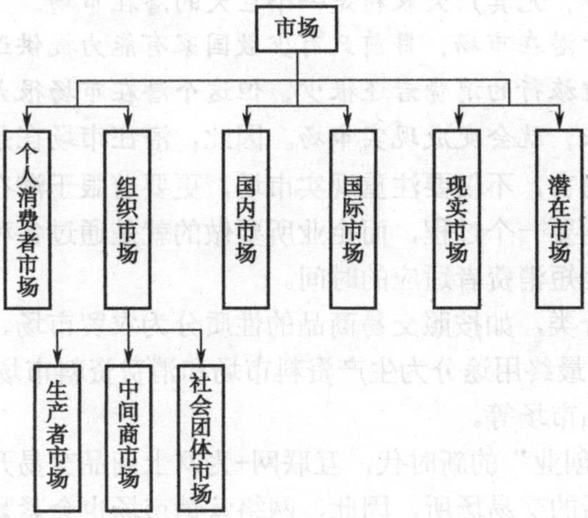

图 1-1　市场的分类

1. 个人消费者市场和组织市场

根据购买者不同，市场可分为个人消费者市场和组织市场。个人消费者市场由满足自身或家庭需要而购买的顾客组成，而组织市场则是由企业、政府、社会团体等各种组织构成的。

个人消费者市场的购买行为其目的是满足自身或家庭需要，一般是购买单件或少量商品。

组织市场又分为生产者市场、中间商市场和社会团体市场。生产者市场也叫产业市场，购买者是一些生产企业，它们购买的目的是用于生产加工，一般是购买工具和原材料。中间商市场的购买者的目的是转卖给别人，包括代理商、批发商和零售商。社会团体市场的购买者主要是政府机构、学校、医院、各种社会团体组织，也包括各种公司、企业，但购买目的不是用于生产，也不是转卖，而是集团自己消费。比如年货、办公用品、劳保用品等，各个单位都会购买，既有公司、企业，也有政府和事业单位，但都是各个单位自己消费，这一点跟个人消费者市场很相似，但区别在于二者购买的数量差距很大。

2. 国内市场和国际市场

根据地域特征，不同市场可分为国内市场（本土市场）和国际市场（海外市场）。国内、国际市场还可以进一步细分，有的企业将国内市场分为东北市场、华北市场、西北市场、西南市场、华南市场、华东市场和华中市场；而有的企业则只分为北方市场和南方市场，这是因为企业的业务范围和营销策略不同。同样，不同的公司对国际市场的细分也不一样。全球贸易一体化逐渐缩小了国家之间的地域距离，要求国内企业的市场行为也逐步国际化。

3. 现实市场和潜在市场

根据消费者需求的表现，市场可分为现实市场和潜在市场。现实市场是指消费者对某种商品的需求量较大，而且具有现实的购买力。也就是说，消费者不仅大量需要某种商品，而且能够说买就买。例如，房地产市场、家庭轿车市场、计算机市场、数字彩色电视机市场等都属于现实市场。现实市场的特征是消费者既有需求，又有购买力。如果只有需求而无购买力，或者有购买力但无需求，我们就称为潜在市场。例如，在2008年全球金融危机后，我国果断采取扩大内需的政策，组织家电、汽车下乡，至2013年年底，已累计拉动内需近万亿元。我国幅员广阔、人口众多，尤其广大农村是一个巨大的潜在市场。

太空旅行市场也属于潜在市场，目前只有少数国家有能力提供这种服务。有能力支付旅行费用同时又渴望到太空旅行的消费者还很少，但这个潜在市场很大，因为有此需求的人很多，一旦旅行成本降下来，就会变成现实市场。因此，潜在市场在条件发生变化时就可以转化成现实市场。对企业而言，不仅要注重现实市场，更要着眼于潜在市场。任何新鲜事物从出现到被消费者接受都需要一个过程，而企业所要做的就是通过各种宣传活动引导消费者形成新的消费习惯，尽量缩短消费者适应的时间。

市场还有很多其他分类，如按照交易商品的性质分为农贸市场、机电市场、服装市场、金融市场等；按照商品的最终用途分为生产资料市场和消费资料市场、城市市场和农村市场、有形商品市场和无形商品市场等。

“在全民创新、万众创业”的新时代，互联网+为网上商品交易开辟了一个全新的市场，网上交易也成为一个全新的交易场所。因此，网络营销市场也会紧紧跟随时代的步伐，向全新的领域发展。

> 市场营销学对市场的分类主要依据购买者的购买动机和购买行为，而不是按照其购买产品的不同来划分。

虽然市场都是由消费者构成的，但不同类型的市场有不同的特征，这就要求企业必须了解与熟悉消费者的消费特点，并采用不同的市场营销策略。罗兰德·汉森作为微软公司的营销副总裁，虽然对软件开发一窍不通，但他却非常熟悉消费者的消费习惯和特点，由于他的坚持，比尔·盖茨最终听从了他的意见，宣布今后微软公司的所有产品都以“微软”为标志。正是这一正确的决定，才掀开了“微软帝国”雄霸天下的历史篇章。

1.2 市场营销

麦当劳营销理念

“麦当劳不仅仅是一家餐厅”这句话精确地涵盖了麦当劳集团的经营理念。在全球麦当劳的整体制度体系中，麦当劳餐厅的经营是很重要的一环，因为麦当劳的经营理念和欢乐、美味是通过餐厅的人员传递给顾客的。

然而餐厅并不是麦当劳这一世界品牌的全部，它只是冰山的一角，因为在它的后面有全面的、完善的、强大的支援系统全面配合，已达到质与量的有效保证，而这强大系统的支援当中包括：拥有先进技术和管理的食品加工制造供应商、包装供应商及分销商等采购网络、完善健全的人力资源管理和培训系统、世界各地的管理层、运销系统、开发建筑、市场推广、准确快速的财务统计及分析……等等。每一个部门各尽职能，精益求精，发挥团队合作，致力于达到麦当劳“百分百顾客满意”的目标。

“麦当劳是群体力量的成功故事，只要继续共同努力，我们必会永远独占鳌头。我们对汉堡包行业的态度比谁都认真！当时是如此，现在也是如此！麦当劳不是空谈品质、服务、清洁和物有所值，我们是付诸行动的！”

品质：麦当劳重视品质的精神，在每一家餐厅开业之前便可一见。首先是在当地建立生产、供应、运输等一系列的网路系统，以确保餐厅得到高品质的原料供应。同时麦当劳食品必须经过一系列严格的质量检查，仅牛肉饼就有 40 多项质量控制的检查。或许很多的顾客并不知道麦当劳的食品控制程序如何复杂，但是他们都深深的体验过成果，这就是麦当劳高品质、美味和营养均衡的食品。

最佳：意味着我们与全球最优秀的组织合作，如可口可乐、迪斯尼和奥林匹克……，以达到我们与联合伙伴一起奠立的领导地位服务：快捷、友善、可靠的服务是麦当劳的标志。麦当劳从经验中懂得向顾客提供优质服务的重要性，因此每一位员工都会以顾客为先的原则，为顾客带来欢笑。

清洁：餐厅的每一个用具、位置和角落都体现出麦当劳对卫生清洁的注重。麦当劳为顾客提供了一个干净、舒适、愉快的用餐环境。

物有所值：麦当劳在给顾客提供了高品质的、营养均衡的美味食品的同时，并为顾客带来了更多的选择和更多的欢笑，顾客在麦当劳大家庭充分体验到“物有所值”的承诺。

麦当劳成为世界最佳用餐经验的快速服务餐厅。

对麦当劳而言，“最佳”意味着品牌在全球得到信赖和尊崇。

对我们的顾客而言，“最佳”意味着在世界的任何地方，每一次光临麦当劳都能享受出众的品质、服务、清洁和物有所值，并且能够为顾客带来欢笑。

对我们的社区而言，“最佳”意味着社区因为有我们的存在而感到骄傲。

对于我们的持牌人而言，“最佳”意味着有成功的把握，可以建立财富，并与麦当劳成为高度合作的伙伴关系。

对于我们的员工而言，“最佳”意味着机会、奖励、全球性的发展及有意义的工作。

对于我们的供应商而言，“最佳”意味着让他们有信心投资，相信他们能与麦当劳一起得到利润的增长，并和麦当劳成为业务的伙伴。

对于我们的股东而言，“最佳”意味着发展和获利，并能在这个行业中得到最好的回报。

1.2.1　市场营销的含义

市场营销是指企业在适当的时机和地点，以适当的方式将适当的产品提供给适当的顾客。市场营销不是简单的推销，要做到全部适当，要求企业必须首先对顾客进行分类，明确自己的产品应针对什么样的顾客，根据顾客需求的特点设计、开发和生产相应的产品，然后选择正确的目标市场，并通过各种最佳渠道，采用合理的促销方式，而最终实现交换。

市场营销不等于推销，推销只是市场营销的一部分，是在产品生产出来后，想方设法将产品销售出去，至于产品该如何设计，怎么包装，则不是推销的职能。再大的公司，再畅销的产品，如果不能及时了解市场动态，不针对市场变化进行产品改进或开发新产品，不管质量多好、价格如何优惠、推销人员如何有实力，最终都会以失败告终。

企业市场观念既由生产力和商品经济发展水平所决定，同时又对生产力和商品经济的发展有着巨大的反作用。企业经营观念的正确与否，不仅直接影响企业经营的成败，而且对社会经济发展速度和效益也有着十分重大的影响。麦当劳快餐店之所以取得如此瞩目的成就，归功于其创始人克劳克执行彻底的市场营销观念。麦当劳快餐店懂得怎样向顾客提供适当的产品和服务，并不断地满足随时变化的顾客需要。但随着社会的进步，市场营销观念也在不断更新，绿色、创新随时都在考验每一个企业，麦当劳也不例外。

1.2.2 市场营销的几个核心概念

研究市场营销，还必须了解市场营销中所涉及的几个核心概念，通过图 1-2 所示的流程图，可以清晰地看到市场营销的形成过程。

图 1-2 市场营销的形成过程

由于消费者存在各种各样的需要，这就要求企业提供相应的产品（服务）来满足消费者的需要，企业通过满足消费者的需要赚钱，消费者若要满足自身需要就必须付出货币，而能否实现二者之间的交换，关键是企业的产品对消费者而言是否具有购买价值。当竞争出现时，消费者便会选择购买性价比高的产品，也就是他认为最值得买的产品。不同的消费者对购买价值的认识是不一样的，因为他们的需要是有区别的。对企业而言，如何使自己的产品更让消费者满意，而最终完成交换，这就需要通过市场营销来完成。

1. 需要

人的需要是与生俱来并且不断变化的，既有现实需要，也有潜在需要。现实需要是非常具体和明显的需要，人们清楚地知道自己想要什么，满足什么目的；而潜在需要，是指人们暂时还没有明确意识到的需要，这种需要不如现实需要那么具体和明显，处于一种隐隐约约的状态。人们对衣、食、住、行的需要就是现实需要，每一个人都清楚这种需要对自己的重要性。比如感冒了，我们都知道需要去看医生，但如果出现心理问题，还有很多人不清楚需要去看心理医生，这就属于潜在需要。同理，企业也存在需要，需要通过销售商品赚钱而使企业发展。正是整个社会都有需要，才为交换提供了条件。

了解需要这个概念，其意义在于：满足需要是实现交换的前提，但没有必要只盯着消费者的现实需要而忽略了消费者的潜在需要，开辟一片新天地往往会有意外的惊喜。

挖掘潜在需要也许能让你获得意外惊喜！

2. 产品

在市场经济中，产品几乎就等于商品，而所谓商品就是用于交换的产品。产品是生产者为满足消费者需要而生产的，希望通过向消费者出售而满足赚钱的需要，当买卖双方都认为值得并完成交换时，双方的需要就都得到了满足。市场营销就是从企业的角度去研究消费者有什么需要，尽可能地满足消费者需要，从而实现交换。经济越发达，产品种类越多。产品原则上分为有形产品和无形产品，凡是看得见、摸得着的产品都属于有形产品；而服务、思想、商标等就属于无形产品。例如，理发、洗脚等服务，虽然你付了钱，什么东西也没有得到，但你的需要得到了满足。一个好的点子、创意很可能卖几十万元人民币，还有些无形资产则是无价的，如名牌商标“可口可乐”则要值几百亿美元。

了解产品这个概念，其意义在于：企业生产的产品不是用来自己用的，而是为了卖给顾客，只有为消费者提供真正能满足其需要的产品才能实现交换。消费者的需要非常广泛并不断变化，因此，企业所能提供的产品也是非常广泛的，但需要不断推陈出新。

我国在短短的时间内经历了电视机从“黑白”到“彩色”，从“小屏幕”到“大屏幕”，从“显像管”到“背投”、“液晶”，从“模拟”到“数字”的时代，从有线电视发展到无线电视。每一次，当我们对现有产品稍微感觉有一点儿不满意的时候，新的产品总会及时出现在面前。2016 年，彩电行业又处在一个关键时期，我们称它为转型期，这个转型主要是伴随平板化、数字化、无线网络化和互联互通同步进行的工程，最终成为“三网融合”、“三电一体”的主要的载体。我们感叹的不仅是科技的日新月异，更是企业敏锐的市场捕捉能力，因为这些企业真正明白了顾客才是“上帝”，顾客的需求就是他们的追求。

3. 价值

价值是消费者对产品满足其各种需要的能力的评估。价值通常是通过货币来表现的，即价格、价值是相对的，是消费者的一种主观评价。同样的商品，不同的消费者对其价值的认识是不同的，这取决于消费者对该商品能在多大程度上满足其需要的认识。例如，一套售价 8800 元人民币的名牌西服，A 认为花近万元钱买一套不值得，而 B 愿意购买，他认为，这套西服做工好、面料好、款式好，还因为是名牌，能显示身份和地位，满足其虚荣心。所以，二者对这套西服的价值高低的认识是不同的。这套西服价值 6 千还是 9 千，购买者心理并没有预期，消费者对某种产品价值的评价取决于自身的需要以及他对该产品相关信息的了解程度。

对于企业而言，消费者的价值评价是可以影响和引导的，需要有针对性地宣传，关键是要紧紧抓住消费者的需要。为什么有的老人在吃、穿方面十分节省，甚至是“虐待”自己，但他们上庙烧香时却毫不吝啬，因为他们存在封建迷信思想。很多人对自己的需要并不清楚，尤其是潜在需要，如保险、心理健康等方面的需要。这就需要企业对消费者的需要加以引导，但切忌欺骗性宣传，这种行为也许能暂时获利，但不利于企业的长远发展。

了解价值这个概念，其意义在于：产品的价值是相对的，企业可以在一定程度上改变消费者对某一产品价值的认识。

4. 交换

交换是市场形成的前提，市场营销的主要目的就是通过满足消费者需要而实现交换，获取利润。如果不能实现交换，那么，市场营销活动就是不完整的，但不能说是失败的，更不能说是徒劳的，因为这一次交换没有实现，但为下一次交换奠定了基础。对市场营销人员而言，必须树立这样的观念：不可能每次努力都会实现交换。

需要、产品、价值和交换是市场营销中非常重要的几个概念，简而言之，市场营销就是通过向顾客提供能满足其需要的产品，并运用各种手段使顾客感觉值得购买而最终实现交换的一系列活动。

1.3 市场营销的观念

以下是2010年年度最佳创新营销案例。

品牌名称：康师傅冰红茶

媒体平台：人人网

虽然长大成人，我们还是怀念小时候打水仗时的欢快场景。思念不如实践，“康师傅”在人人网上发起了一场“冰茶魅力泼啦啦”活动，引来数百万年轻人的追捧。

创新要点：选择与康师傅冰红茶用户极为契合的人人网进行品牌传播，用简单易操作、极受用户喜爱的好友交互活动吸引众多年轻用户关注。以“整蛊”好友和祝福好友的互动“泼啦啦”动画为传递感情工具，在传递感情的同时，品牌信息和理念能第一时间感染消费者。用户摆脱了以往“看广告—点击—参与活动”的烦琐流程，在一次首页登录后就能完成所有动作。

案例详情：康师傅冰红茶作为茶饮料市场的领军品牌，其自身知名度已经足够，但是面对饮料市场上品牌和种类增加、市场细分、竞争加剧的情况下，康师傅冰红茶需要借助热点，抢先一步吸引用户关注，提升年轻人对品牌及产品的偏好度。因此，这次活动选择人人网平台，发挥互动力量、制造热点话题，传播年度品牌主题“冰茶魅力我最爱”，与消费者进行更深层的沟通，提升年轻消费者对康师傅冰红茶的好感度。“冰茶魅力泼啦啦”让年轻人通过与好友分享康师傅冰红茶带来的冰爽互动，感受冰茶的无限魅力。

案例分析：首先，充分发挥人人网SNS好友关系传播价值，将用户行为前置化，让他们登录人人网的首页就能轻松参与活动并且自主传播，最终形成SNS一传十、十传百的裂变效应。活动分两轮进行，一期活动中，当用户登录自己的人人网首页，就会看到超大Flash播放的一位好友送来的冰爽祝福，感兴趣的用户即会知晓活动并将冰爽祝福回赠给好友或传递给其他好友，形成SNS病毒扩散。用户由首页入口进入，“桃花朵朵泼”、“帅气犀利泼”、“随心所欲泼”、“并肩战斗泼”、“重磅加薪泼”和“天下无敌泼”六种蕴涵祝福的冰爽道具以Flash呈现，让好友们冰凉一夏。在首页可点击每小时一次的抽奖，不仅能抽得冰爽道具，还能获得超级心动大奖。

在二期的泼水祝福活动中，新增3D道具“忍无可忍泼”、“战无不胜泼”、“青春无敌泼”、“我队必胜泼”，并且可以在线打印3D眼镜，看起来更有趣、更冰爽。同时，在一期活动中获得的积分还可以用来兑换特殊武器，更可兑换实物奖品。

市场营销的灵魂在于创新，一切营销活动都是在一定观念的指导下进行的，时代在不断进步，人们的消费观念在不断变化，这就要求企业的营销观念需要不断更新以适应市场的变化，一味固守传统，生搬硬套，最终结局只能是被市场所淘汰。

1.3.1 营销观念的演变

市场营销的观念从20世纪初到现在先后经历了数次演变（见图1-3），发生了两次观念大革命，从最初的生产观念、产品观念、推销观念到市场营销观念，这是第一次营销观念的革命；以后出现的社会市场营销观念、大市场营销观念等属于市场营销观念的延伸和扩展，互联网的普及导致网络营销观念的出现，这称为营销观念的第二次革命。

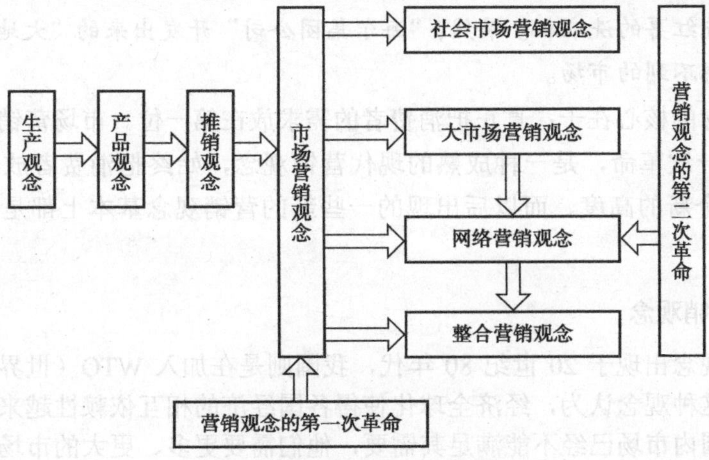

图 1-3 市场营销观念的演变过程

1. 产品观念

随着社会生产力的迅速提高，竞争在各个领域逐渐出现，企业不再是过去那种一统江山的垄断者，尤其是国外产品逐渐进入我国大陆市场，消费者开始有了选择和比较，消费观念也开始变化，迫使企业重新审视自身产品的不足，纷纷对原有产品进行改进或推出新产品，很多企业干脆从国外引进全套机器设备，产品观念逐渐形成。1989 年的“海尔集团公司”还是一个只生产电冰箱的小企业，当时的厂长张瑞敏发现有 76 台电冰箱质量不合格，尽管当时电冰箱很贵，相当于工人两年的工资，而且这些电冰箱并非完全不能使用，大家都希望能便宜处理掉。但张瑞敏毫不犹豫地把大家召集起来并拿出一把大铁锤，宣布“谁干的就由谁把这些电冰箱砸烂”。张瑞敏说：“因为大家过去没有质量意识，这次是我的责任，我的工资一分钱也不拿，但是今后谁再出问题，就应该扣掉谁的工资。”后来，哈佛商学院把此收录进 MBA 教材的经典案例，并建议保存这把具有历史意义的大铁锤。至今，这把功勋锤还保留在“海尔集团公司”的展览厅里。

产品观念认为：产品是企业生存发展的基础，质量是产品的生命，只有质量好，有特色，才能抓住顾客的心。但这些企业忽略了很重要的一点，那就是竞争对手，当所有这些品质、功能、甚至价格都不相上下的产品同时摆在消费者面前时，消费者往往无从选择。

2. 市场营销观念

有一次，“海尔集团公司”的 CEO 张瑞敏到四川考察，发现当地有农民用洗衣机洗红薯，他回去后给集团的技术人员说了这件事，征求他们的意见。技术人员认为，公司应该派人教会这些农民如何正确使用洗衣机，而不是开发一个用来洗红薯的洗衣机。你认为应该怎么做呢？

国外的市场营销观念最早出现于 20 世纪 50 年代，我国在 1984 年就由广东提出了市场营销的概念，但普遍为企业所接受则是到了 90 年代中期。此时，企业意识到单抓产品质量或销售的某个方面是不可能持续发展的，企业必须整体规划，一切要以消费者为中心，根据消费者的喜好来设计、生产和包装商品，选择理想的销售渠道和途径，通过合理的价格和优质的服务来赢得顾客的心。

张瑞敏说，四川的那些农民用洗衣机洗红薯，说明那里有需求，有需求就有市场，就应该开发一种用来洗红薯的洗衣机。果然，“海尔集团公司”开发出来的“大地瓜”洗衣机又占领了一块令人意想不到的市场。

市场营销观念的核心在于：真正把消费者的需求放在第一位。市场营销观念的出现被称为是营销观念的一次革命，是一种成熟的现代营销观念，始终把消费者放在首位，使得营销观念上升到一个新的高度，而以后出现的一些新的营销观念基本上都是以市场营销观念为基础的。

3. 大市场营销观念

大市场营销观念出现于20世纪80年代，我国则是在加入WTO（世界贸易组织）后出现这一观念的。这种观念认为，经济全球化使得各国经济的相互依赖性越来越强，对于那些跨国集团而言，国内市场已经不能满足其需要，他们需要更多、更大的市场，而那些经济欠发达的国家和地区也需要通过与跨国集团合作来发展本国经济。像“麦当劳”、“肯德基”、“可口可乐”、“百事可乐”、“飞利浦”、“丰田”等众多跨国公司，业务已经遍布全球，其在各国开设的分公司早已融入当地，成为当地企业的一分子。国内企业也开始走向全球，如“海尔集团”不仅在欧洲、北美、南美、中东等地区建立销售网点，而且在国外开始建厂，聘请当地人作为“海尔集团”的员工。

这表明，企业的市场行为日益国际化，对于企业而言，要想顺利地进入海外市场，必须处理好与当地政府的关系，巧妙地运用经济手段、心理手段、政治手段和公关手段，在适当的时候借助本国政府，解决一些企业只依靠自身实力而无法解决的问题。

4. 网络营销观念

互联网是一种利用通信线路，将全球计算机纳入国际联网的信息传送系统，它必将是未来市场营销最重要的渠道。网络营销的特性包括：可24小时随时随地地提供全球性营销服务；计算机可储存大量的信息，代消费者查询，可传送的信息数量与精确度远超过其他媒体；能因市场需求的变化及时更新产品或调整价格；减少印刷与邮递成本；无店面租金，可节约水、电与人工成本；可避免推销员强势推销的干扰；经信息提供与互动交谈，可与消费者建立长期良好的关系。互联网是一种功能最强大的营销工具，它同时兼具渠道、促销、电子交易、互动顾客服务以及市场信息分析与提供的多种功能。

网络营销可视为一种新兴的营销渠道，它并非一定要取代传统的渠道，而是通过信息科技发展，来创新与重组营销渠道。但不可否认的是，网络营销必然会给传统营销造成冲击，因此商业界必须要注意这种趋势，并与软件产业进行密切的联系与合作。

5. 整合营销观念

整合营销是一种对各种营销工具和手段的系统化结合，根据环境进行即时性的动态修正，以使交换双方在交互中实现价值增值的营销理念与方法。

整合营销就是为了建立、维护和传播品牌，以及加强客户关系，而对品牌进行计划、实施和监督的一系列营销工作。整合就是把各个独立的营销综合成一个整体，以产生协同效应。这些独立的营销工作包括：广告、直接营销、销售促进、人员推销、包装、事件、赞助和客户服务等。

整合营销理论主张重视消费者导向，其精髓是由消费者定位产品：

① 不要卖你所能制造的产品，而是卖那些顾客想购买的产品，真正重视消费者。

② 暂不考虑定价策略，而去了解消费者要满足其需要愿付出的成本。

③ 暂不考虑营销策略，而应当思考如何给消费者方便以购买商品。

④ 暂不考虑怎样促销，而应当考虑怎样与消费者沟通。

与传统营销4P相比，整合营销传播的理论核心是4C：即相应于“产品”，要求关注客户的需求和欲望，提供能满足客户需求和欲望的产品；相应于“价格”，要求关注客户为了满足自己需求和欲望所可能支付的成本；相应于“渠道”，要求考虑客户购买的便利性；相应于“促销”，要求注重和客户的沟通。

1.3.2 现代市场营销意识

通过学习市场营销观念的演变过程，明确了现代市场营销观念的重要性。如果没有正确的营销观念作指导，企业的市场行为就会出现偏差；如果市场营销人员不具备现代市场营销观念，则市场营销活动的各个环节都可能出现问题。现代市场营销观念要求企业的每一位员工都树立以消费者为中心的市场营销意识。

1. 质量意识

质量是产品的生命，是市场营销活动成功与否的前提。如果产品质量不合格，无论如何宣传、如何促销，即使提供的服务再好、再周到，顾客也不会购买，因为产品不能满足其最根本的需要。而企业如果想通过欺骗性手段来销售不合格产品，一旦顾客发现真实情况后，企业所面临的不仅是消费纠纷，还会对产品形象、企业形象造成极大的破坏。海尔有句名言：“1%的产品事故，对购买到这1%不合格产品的顾客而言就是100%”。企业的上上下下都应该树立质量意识，奉行零缺陷制度，真正把消费者视为“上帝”，隐瞒、欺骗等短期行为是不可能创造名牌的。

“劳斯莱斯”是世界上公认的最优良的汽车，不仅是财富的象征，更是社会地位的标志。每一部“劳斯莱斯”都是经过精雕细刻的艺术品，出厂前必须经过5 000mile（1mile=1 609.344m）路程的测试，调试、试车要经过14天时间，而一般的车下了生产线，开出厂门就可以交货，即使“凯迪拉克”这样的高级车，测试也只花4小时的时间。如今的“劳斯莱斯”，无论哪一种车型，以100km/h的速度行驶，放在水箱上的银币可以长时间不被震落下来，坐在车里，也听不到发动机声，只听见车内钟表轻微的移动声。

2. 服务意识

产品竞争在很多行业已达到白热化程度，比性能、比价格、比宣传、更比服务，比谁的服务态度好，比谁为消费者想得更周到。每个企业都想拥有一批忠诚的客户，都想扩大市场占有率，但仅仅依靠较好的产品质量和合理的价格是不够的。如果能为消费者提供优质、全面的服务，不仅能够培养客户的忠诚度，还能在一定程度上摆脱残酷的价格竞争。

“沃尔玛”是世界上最大的商业零售企业，虽然从1991年才开始进入国际市场，但短短的20多年间，就在世界各地建立了3 000多家商店，其巨大成就不仅源于公司拥有现代化的配送中心和卫星信息管理系统，更源于其出色的服务理念。以深圳“沃尔玛”购物广场为例，17 000 m^2的卖场分区合理、干净整洁，商品品种丰富、价格便宜，出口有20多个通道，很少有排长队的现象。在商店醒目的位置都张贴着“沃尔玛”的格言和口号：“我们的目标是超过您对我们的期望”；“保证让您100%满意”。他们的顾客服务原则是：“第一条，顾客永远是对的”；“第二条，如有疑问，请参照第一条”。“沃尔玛”的口号绝不是只喊不做，每一位员工都必须兢兢业业，只要顾客需要帮助，服务员就会马上出现在面前。在“沃尔玛”的收银台上除了有让顾客随意领取的宣传品外，还有一本小册子，名为《致总裁先生的信》，是专为顾客提意见和建议而设计的，上面有总裁的签名。

3. 品牌意识

创建名牌是每个企业的梦想，任何一个名牌都不是在短时间内能够塑造的，需要长时间得到广泛的认可甚至尊重。大家熟悉的“丰田”、“可口可乐”、“宝洁”等国际名牌都有几十年乃至上百年的历史，即使像“海尔”这样的中国家电第一品牌也是用了十多年时间才创建的。在本章开头的案例中，如果微软公司在创业之初不采纳罗兰德·汉森的意见而使用“多用工具”的品牌向市场推广，也许微软公司的发展就不会这么快，这也反映了比尔·盖茨的品牌意识。比尔·盖茨在听完罗兰德·汉森的意见后，立即意识到品牌的重要性，因此宣布：“今后微软公司的所有产品都使用‘微软’标志。”

有些品牌可能在短期内家喻户晓、人人皆知，如“三株口服液”，但也只是昙花一现。创建名牌的过程艰难而漫长，而一旦成为名牌之后，企业的市场营销活动就会容易得多。是否属于名牌，评价依据有两个：知名度和美誉度。名牌产品必须是在某一领域具有很高的知名度，而且拥有良好的美誉度，即知道这个品牌的消费者人数众多，并对该品牌有很高的评价。像“IBM”、“奔驰”、“丰田”、“可口可乐”等品牌，则属于世界名牌，“联想”赞助2008年北京奥运会，又收购了IBM公司的全球PC业务，其目的也是希望把“联想”这个中国名牌发展成为世界名牌，从而让联想集团的产品遍布世界各地。

4. 竞争意识

现在的市场是买方市场，对任何一家企业而言，竞争都是不可避免的，暂时拥有的优势，如果一旦松懈，优势可能转眼就会失去。像“微软”、“英特尔”这样的超级公司，也不能松懈，因为对手很可能不知不觉地就会给你致命一击，等你发觉时，为时已晚。

从“瘦肉精”危机看品牌的价值

2011年3月31日，处在“瘦肉精”危机中的中国双汇集团在河南漯河召开“万人职工大会”。在大会上，集团董事长万隆再次向消费者致歉，他承认“瘦肉精”事件对双汇影响巨大。双汇因“瘦肉精”事件直接损失超过121亿元，间接损失难以估算。

双汇一直以极其小心、严肃的态度，回应“会不会成为第二个三鹿”的问题，其情其景，颇有点像某些老年人忌讳不吉利话语那样，生怕被“乌鸦嘴”一语说中，对于双汇来说，消失了的“三鹿”就是一个不能重蹈覆辙的噩梦。为此，他们以异乎寻常的努力，在拼命拉住一辆坠往悬崖的马车——从3月15日中央电视台曝光起，直到3月31日双汇召开“万人职工大会”……

应该承认，从事情发生开始，双汇集团在危机处理上，态度是严肃而认真的，也采取了一些有效的措施和手段，试图能尽快将自己从危机状态中解脱出来，但并没有实质性地扼制住销量下滑、经销商倒向竞争对手的局面。有好事者甚至计算出，从3月15日到4月1日，双汇集团以日损7亿元的速度，在吞咽着一大杯苦不堪言的酒。这可以说是直观看得见的品牌的价格。

古人常说：兴家犹如针挑土，败家犹如水推砂。对于企业的名声和美誉度，何尝不是如此啊？一家企业靠千千万万人多年不懈的努力打造出的品牌，很可能被一件偶发事件砸得粉碎。一颗老鼠屎搅坏一大锅汤的悲剧，从古到今不知上演了多少次！

世界很吝啬。一个商业帝国必然有没落的一日，问题是在什么时候，触发它的是什么原因。

本章小结

市场营销是指企业在适当的时机和地点，以适当的方式将适当的产品提供给适当的顾客。市场营销是从企业的角度出发来研究市场、研究消费者，是企业为了将产品销售出去而赚取利润所进行的一系列活动。市场营销是在销售的基础上发展而成的，但销售只是市场营销所有活动中的一个方面。

市场营销旨在研究如何顺利地实现交换，而交换能否进行取决于买卖双方是否都有交换意愿并且都认为值得交换。对于买方而言，是想获得卖方的产品以满足自身的需要，而对于卖方来讲，是想通过向买方出售商品而获取利润。要研究市场营销，就必须深刻理解市场营销中需要、产品、价值和交换的含义，掌握这几个概念在市场营销中的重要性。

市场营销观念是企业进行各种市场行为的指导思想。时代的不同，环境的变化，使市场营销观念经历了以下不同的发展过程：① 生产观念；② 产品观念；③ 推销观念；④ 市场营销观念；⑤ 大市场营销观念；⑥ 网络营销观念。

前三种观念被称为传统营销观念，后三种称为现代国际营销观念。传统与现代是相对而言的，特别是全球网络营销的不断发展，有的人把网络营销观念以前的所有观念都称为传统营销观念，因为网络营销的方式、手段都与以前有很大的不同。

现代市场营销观念要求企业全体员工都具有现代市场营销意识，包括质量意识、服务意识、品牌意识和竞争意识。意识决定态度，态度决定工作成果。

习题 1

一、填空题

1．“某个产品有没有市场，市场是大还是小”，这里的市场是指__________。

2．传统营销观念包括______观念、______观念和______观念。

3．根据购买者的不同，市场分为个人消费者市场和______市场。

4．根据消费者需求的表现，市场分为现实市场和__________市场。

5．市场营销的最终目的是__________________________。

6．市场营销观念的第二次革命，是______________________________观念的产生。

7．社会市场营销观念强调企业、______________和______________三方利益的满足。

二、判断题（正确的画“√”，错误的画“×”）

1．从市场营销的角度看，市场就是消费者的需求。（　　）

2．随着电子商务的迅速发展，网络营销必将全面取代传统的营销模式。（　　）

3．企业既要重视消费者的现实需要，更要重视其潜在需要。（　　）

4．营销就是推销，就是想办法将产品销售出去。（ ）

5．市场营销是指企业在适当的时机和地点，以适当的方式将适当的产品提供给适当的顾客。（ ）

6．现代市场营销观念要求企业的基层员工树立以消费者为中心的市场营销意识。（ ）

7．网络市场营销观念的出现被称为营销观念的一次革命，是一种成熟的现代营销观念。（ ）

8．网络营销的方式、手段都与传统营销有很大的不同（ ）

三、单项选择题

1．市场营销学开始进入我国的时间是（ ）。

A．1949年　B．1976年　C．1978年　D．1982年

2．把消费者利益、社会利益和企业利益结合起来的经销观念是（ ）。

A．社会营销观念　B．推销观念

C．市场营销预售　D．生态营销观念

3．市场营销学属于（ ）的范畴。

A．经济学　B．管理学　C．社会学　D．心理学

4．市场营销概念中，（ ）两个因素成为市场营销组合的重要内容。

A．权力与公共关系　B．公共关系和社会环境

C．权利与控制　D．政府与行业协会

5．市场营销的核心概念主要有（ ）。

A．需求　B．交换　C．产品　D．以上所有

6．顾客导向是现代市场营销的基本概念，其主要内容包括（ ）。

A．满足现实需求　B．引导需求　C．激发和拓展需求　D．以上所有

7．推销观念产生于（ ）。

A．卖方市场　B．买方市场向卖方市场过渡

C．卖方市场向买方市场过渡　D．买方市场

8．交换能否真正发生，取决于（ ）。

A．在交换中，买卖双方谁更主动、积极地寻找交换

B．双方能否找到交换条件

C．买者的需求是否得到满足

D．卖者是否能取得利润

9．在我国，把市场营销学理论与企业的市场营销实践结合起来进行研究是在（ ）阶段。

A．扩展阶段　B．引进阶段　C．传播阶段　D．应用阶段

10．产生于买方市场条件下的营销观念有（ ）。

A．市场营销观念　B．生产观念　C．推销观念　D．产品观念

11．市场营销学的特点有（ ）。

A．边缘性　B．应用性　C．综合性　D．以上所有

12．（ ）观念强调企业、消费者和社会三方面的利益兼顾，企业不能为了赚钱而只满足消费者需求不顾社会利益，应该树立良好的社会形象。

A．社会市场营销　B．生产　C．产品　D．推销

13．（ ）是一种对各种营销工具和手段的系统化结合，根据环境进行即时性的动态修正，以使交换双方在交互中实现价值增值的营销理念与方法。

A．关系营销　　B．绿色营销　　C．网络营销　　D．整合营销

14．（　）的核心是按照环保与生态原则来选择和确定营销组合的策略，是建立在绿色技术、绿色市场和绿色经济基础上的、对人类的生态关注给予回应的一种经营方式。

A．产品营销　　B．生产营销　　C．网络营销　　D．整合营销

案例分析 1——从“福岛”大地震看日本市场营销策略的变化

大型灾难发生后，什么才是最要紧和急需的？那一定是食品和饮用水！当然，还有交通、通信，因为，可以借此寻求救助。

2011 年 3 月 14 日，在日本福岛 9 级大地震发生的当天，日本饮料公司三得利就宣布，地震期间所有旗下的自动贩售机，只要按键就可免费获得罐装饮料；日本便利连锁企业 7-11 也宣布免费提供食品和饮用水；日本通信商不仅提供免费的公用电话，还免除网络通信费，以便民众及时通过网络取得联络并获得信息。

并没有等着政府的援助计划出台，这些企业灵活的“救灾”措施，给各国人民留下了深刻的印象。企业让自己的资源，在地震后的第一时间、第一现场发挥效用，这是抗震救灾最好的方式。

日本企业社会责任意识比较强，无论是对员工的关照还是对社会的关怀，在预防灾难和面对灾难的时候更加显现出来。现就职于一家日中贸易公司的福子，曾在日本待了 10 多年，她告诉媒体说，因为日本的自然灾害比较多，一些大企业在新人报到时，会给员工发一个应急包，里面包括罐头食品、水、海绵质防空帽之类的东西。而遇到地震等灾难时，如果受灾的人找不到存折或储蓄卡，大部分银行可以允许客户仅凭借身份证，就借走 10 万日元。

只要遇到大的灾害、灾难，企业都会积极踊跃地捐款。新闻机构会滚动播出该如何捐、向哪儿捐款。据了解，福岛大地震后，福田县等地区取得日本本国企业和个人无偿捐款，在头一个月，总额达到近 2 000 亿日元，无偿救援物资 58 万包，邮政机构将来自全国各地的救援物资免费运送到福田等灾区。

整合营销体现了更多的人文关怀的色彩，而少了赤裸裸的金钱交易关系，它更注重和消费者的交流和沟通，强调企业应该更多的回报社会和顾客，以提高顾客的满意度与忠诚度，达到提高市场份额的目的，并与顾客建立长期、稳定的关系，这是现代营销的实质。

【案例思考】

1．为什么日本企业能积极主动参与“救灾”，他们这样做是受什么观念的影响？

2．能否说现代市场营销的关键就是多做公益事业？

实训 1

课堂训练：演讲

主　　题：如果我要购买手机

课　　时：2 学时

地　　点：教室

过程设计：假设你要购买手机，你会选择哪个品牌？根据学生的个人喜爱并按照手机品牌大致归类、分组，然后各组推选代表上台演讲，阐述理由，最后由授课教师进行点评和颁发奖品。

目　　的：引导学生树立正确的营销观念，培养学生的团队精神和合作意识，激发学生的学习兴趣和参与意识，提高其语言组织及表达能力，帮助学生克服性格障碍，并锻炼学生的沟通能力。

考核指标：① 语言表达的准确性、条理性和感染力。

② 动作、表情是否自然、大方。

③ 论据是否充分、准确。

④ 相关物品是否准备齐全（宣传资料、样品等）。

建　　议：① 授课教师可根据学生的具体情况调整考核指标。

② 可设置多种奖项，如最佳演说奖、最佳着装奖、最佳团队奖等。

③ 可由学生担任主持人。

④ 本次竞赛成绩计入学期总成绩。

实战演习：手机市场调查

调查目的：① 通过对消费者购买手机所作的选择进行调查，了解消费者的消费特点和趋势，以此检验手机生产厂商的市场营销策略是否得当。

② 通过开展实际调查活动，锻炼学生的各种实践能力。

实施方案：① 先将学生分为2～3组，各组目标、任务完全相同，目的是相互竞争。

② 各组按所在城市严格划分片区，避免区域冲突。

③ 各组内部自己分工，包括谁任组长、谁策划调查方案、哪些人实施调查、谁最后撰写调查意见书等。

CHAPTER

2

第 2 章　市场营销环境

知识要点

- 市场营销环境的含义。
- 市场营销环境与企业营销的关系。
- 宏观市场营销环境分析。
- 微观市场营销环境分析。
- 消费者需求分析。

能力要点

- 正确认识市场营销环境与企业营销的关系，培养学生适应环境、改变环境的能力。
- 能结合实际情况分析环境变化对营销活动的影响，具有一定的实战能力。

引例 2

我国奢侈品市场“异样”繁荣

近几年来，国际券商和各大咨询研究机构纷纷发布奢侈品报告，大力倡导未来十年中国消费者的奢侈品需求。但从总体来说，中国还处于奢侈品消费的初级阶段，呈现出了不同于欧美传统奢侈品消费市场的诸多特点。

在消费者组成结构上，中国奢侈品消费者呈现出“低龄化”特征：73%的中国奢侈品消费者不满 45 岁，45%的奢侈品消费者年龄在 18 岁至 34 岁之间。这个比例，在日本和英国分别为 37%和 28%。在消费途径上，虽然各大品牌正努力缩小中国市场和其他市场的价差，不过奢侈品的境外消费仍占据 56%的份额，价格较低和产品选择更广仍是境外购买最重要的两大原因。在消费心态上，中国很大一部分消费者还处在显示身份的“炫耀消费”。

2.1 市场营销环境概述

任何企业不可能离开环境而存在，它总是在一定的外界环境条件下开展市场营销活动的，而这些外界环境条件是不断变化的，它既给企业带来了新的市场机会，又给企业造成某种威胁。因此，市场营销环境对企业的生存和发展具有重要意义。

2.1.1 市场营销环境的含义

什么是市场营销环境？市场营销环境是指与企业市场营销活动有关的所有外部力量和相关因素的集合，它是影响企业生存和发展的各种外部条件。

美国营销学家麦卡锡说得好："你的产品可能是世界上最好的，但是如果它不是在顾客需要它们的地方出现，那么它们就一文不值了！"这说明了一个道理，企业从事营销活动必须分析营销环境对营销活动的影响，注意"投其所好，避其所恶"。

一般来说，市场营销环境主要包括两方面的构成要素：一是宏观环境要素，即影响企业宏观环境的巨大社会力量，包括人口、经济、政治、法律、科学技术、社会文化及自然地理等多方面的因素；二是微观环境要素，即指与企业紧密相连、直接影响其营销能力的各种参与者，这些参与者包括企业的供应商、营销中间商、顾客、竞争者以及社会公众和影响营销管理决策的企业内部的各个部门。

2.1.2 市场营销环境与企业市场营销

企业的市场营销环境，就是企业的生存环境。现代营销理论认为，企业经营成败的关键，就在于企业能否适应不断变化的市场营销环境。由于生产力水平的不断提高和科学技术的进步，当代企业外部环境的变化速度，远远超过企业内部因素的变化速度。因此，企业的生存和发展，越来越取决于其适应外界环境变化的能力。"适者生存"既是自然界演化的法则，也是企业市场营销活动的法则，如果企业不能很好地适应外界环境的变化，则很可能在竞争中被淘汰。

强调企业对所处环境的反应和适应，并不意味着企业对于环境是无能为力的、只能消极和被动地适应环境，而是应积极主动地、能动地去适应营销环境。也就是说，企业既可以以各种不同的方式增强适应环境的能力，也可以在变化的环境中寻找自己的新机会，并可能在一定的条件下转变环境因素，为企业创造一个更有利的活动空间，使营销活动与营销环境相适应。

美国著名市场学者菲力普·科特勒正是针对这种情况，提出了"大市场营销"理论。他认为，企业要想成功地进入特定的市场并且完成市场交换，必须用经济的、心理的、政治的和公共关系技能，赢得若干参与者的合作。"大市场营销"理论提出企业可以运用能控制的方式或手段，影响造成营销障碍的人或组织，使之改变做法，从而改变营销环境。这种能动的思想不仅对开展国际市场营销活动有重要的指导作用，对国内市场营销活动也有重要意义。因此，市场营销管理者的任务不仅在于适当安排市场营销组合，使之与外部不断变化的市场营销环境相适应，还要积极主动地、创造性地适应和改变环境，创造或改变目标顾客的需要。只有这样，企业才能发现和抓住市场机会，因势利导，在激烈的市场竞争中立于不败之地。

2.2 宏观市场营销环境分析

企业市场营销的宏观环境，涉及人口、经济、政治、法律、自然、科学技术和社会文化环境等多个方面。宏观环境的发展变化，既会给企业的生存、发展带来有利条件或发展机会，同时也会给企业的生存、发展带来不利因素或造成环境威胁。宏观环境是企业难以控制和改变的。企业必须密切关注宏观环境的发展变化，并注意从战略的角度与之相适应。

2.2.1 人口环境

人是市场的主体，哪里有人，哪里就有衣、食、住、行等各种消费需求，具有购买欲望和支付能力的人越多，市场的规模也就越大。人口，也是营销人员在研究市场环境时最重视的因素之一，人口的多少直接决定市场的潜在容量，人口越多，市场规模就越大。而人口的年龄结构、地理分布、婚姻状况、出生率、死亡率、人口密度、人口流动性及其文化教育程度等特征，都会对市场格局产生深远的影响，并直接影响企业的市场营销活动和企业的经营管理。

1. 人口规模与增长速度

一般来说，人口规模越大，市场规模也就越大，需求结构也就越复杂。

众多的人口及人口的进一步增长，既给企业带来了市场机会，也给企业造成了威胁。首先，人口数量是决定市场规模和潜在需求量的一个基本要素，如果收入水平不变，人口越多，则对食物、衣着、日用品的需求量也越大，那么市场也就越大。因此，按人口数目可大约推算出市场规模，我国人口众多，无疑是一个巨大的市场。其次，人口的迅速增长促进了市场规模的扩大。因为随着人口数量的增加，其消费需求也会迅速增加，那么市场的潜力也就会增大。

但是，另一方面，人口的迅速增加也会给企业市场营销带来不利的影响。比如，人口数量增加可能导致人均收入下降，限制经济的发展，从而使市场吸引力降低。又如，由于房屋紧张引起房价上涨，从而增大企业的产品成本。

2. 人口的自然构成

人口的自然构成，包括人口的性别构成、年龄构成和家庭构成等方面的内容。人口的性别不同，其市场需求也有明显的差异。反映到市场上就会出现男性用品市场和女性用品市场。例如，在我国市场上，男性购买商品更多地注重产品的效用及其属性，容易受理性的支配，表现在购买家具、家用电器等大件物品上；而女性购买商品多受直观感觉、购买环境气氛的影响，强调“美感”，容易受感性的支配，表现在购买女士用品、杂货、衣服等商品上。

不同年龄结构的人群对商品需求存在着生理上和心理上的差异，所需的产品和服务也各有特点。例如，儿童喜欢色泽艳丽的玩具和服装；青少年需要智力型学习用品及流行性商品；中、青年的服饰或其他商品讲求实用、大方；而老年人则需要更多的营养保健食品和方便、舒适的生活用品等。

3. 人口的地理分布

地理分布指人口在不同地区的密集程度。由于自然地理条件以及经济发展程度等多方面因素的影响，人口的分布绝不会是均匀的。从我国来看，人口主要集中在东南沿海一带，而且人口密度逐渐由东南向西北递减。另外，城市的人口比较集中，尤其是大城市人口密度很大，在我国上海、北京、广州、武汉、重庆等多个城市的人口超过 1 000 万人，而农村人口则相对分散。

人口的这种地理分布表现在市场上，就是人口的集中程度不同，则市场大小不同；消费习惯不同，则市场需求特点也不同。例如，南方人以大米为主食，北方人以面粉为主食，江、浙、沪等沿海一带的人喜食甜，而川、湘、鄂等省份的人则喜食辣。随着经济的发展，人口的区域流动性也越来越大。在我国，人口的流动主要表现在农村人口向城市流动；内地人口向沿海经济开放地区流动。对于人口流入较多的地方而言，一方面由于劳动力增多，从而加剧就业竞争；另一方面，人口增多也使当地的基本需求量增加，消费结构也发生一定的变化，继而给当地企业带来较多的市场份额和营销机会。

2.2.2 经济环境

经济环境对企业市场营销活动有着更为直接的影响，是企业开展市场营销活动的基础。市场营销人员研究的经济环境主要包括以下三个方面。

1. 消费者收入

消费者收入是指消费者个人从各种来源中所取得的全部收入，包括消费者个人的工资、退休金、红利、租金、赠与等收入。消费者的购买力来自消费者的收入，消费者用来购买商品和服务的费用只是其收入的一部分。因此研究收入时，还要注意下面几个重要概念：

① 个人可支配收入。这是在个人收入中扣除税款后所得的余额，它是个人收入中可以用于消费支出或储蓄的部分，它构成实际的购买力。

② 个人可任意支配收入。这是在个人可支配收入中减去用于维持个人与家庭生存不可缺少的费用（如房租、水电、食物等项开支）后剩余的部分。这部分收入是消费需求变化中最活跃的因素，也是企业开展营销活动时所要考虑的主要对象。因为这部分收入可任意开支，一般用于购买高档、耐用的消费品或用于旅游、储蓄等，它是影响非生活必需品和服务销售的主要因素。

③ 家庭收入。很多产品是以家庭为基本消费单位的，如小汽车、空调等，因此，家庭收入的高低会影响产品的市场需求。一般来讲，高收入家庭，对消费品的需求量大，购买力也大；反之，需求量小，购买力也小。

2. 消费者支出模式和消费结构

随着消费者收入的变化，消费者支出模式会发生相应的变化，继而使一个国家或地区的消费结构也发生变化。西方一些经济学家常用恩格尔系数来反映这种变化。恩格尔系数表明，在一定的条件下，食物开支占总消费量的比重越大，恩格尔系数越大，生活水平越低；反之，食物开支所占比重越小，恩格尔系数越小，生活水平越高。

恩格尔系数是衡量一个国家、地区、城市家庭生活水平高低的重要参数。我国的居民家庭恩格尔系数持续下降。2010 年，我国城镇居民家庭恩格尔系数为 35.7%，农村居民家庭恩格尔系数为 41.1%，中西部地区和低收入家庭这一系数更高些。根据联合国粮农组织提出的标准，恩格尔系数在 60%以上为“贫困”，50%～59%为“温饱”，40%～49%为“小康”，30%～39%为“富裕”，低于 30%为“最富裕”。恩格尔系数下降说明我国居民消费结构发生了显著变化，生活质量显著提高。

消费结构指消费过程中人们所消耗的各种消费资料（包括劳务）的构成，即各种消费支出占总支出的比例关系。优化的消费结构是优化的产业结构和产品结构的客观依据，也是企业开展市场营销活动的基本立足点。自改革开放以来，我国人民的消费结构发生了很大变化，主要表现为：

① 恩格尔系数显著下降。

② 衣着消费比重降低，降幅在20%～30%以上。

③ 住宅消费支出比重增大。

④ 服务消费支出比重增大。

⑤ 消费支出占国内生产总值和国民收入的比重增大。

而从我国的情况看，消费结构还不太合理，个人在住房、医疗、子女教育等方面的投入增多，加大了个人支出比例，从而决定了我国居民的支出模式以生活必需品为主。

3．消费者的储蓄和信贷情况

消费者的购买力还受储蓄和信贷的直接影响。消费者个人收入不可能全部花掉，总有一部分以各种形式储蓄起来，这是一种推迟的、潜在的购买力。消费者储蓄一般有两种形式：一种是银行存款，增加现有的银行存款额；另一种是购买有价证券。当收入一定时，储蓄越多，现实消费量就越小，但潜在消费量越大；反之，储蓄越少，现实消费量就越大，但潜在消费量越小。

我国居民有勤俭持家的传统，长期以来养成了储蓄的习惯。近年来，我国居民储蓄额和储蓄增长率均较大。据调查，居民储蓄的目的主要用于子女教育和医疗费。但从发展趋势来看，用于购买住房和汽车的比重将逐步增加。企业若能调动消费者的潜在需求，就可开发新的目标市场。

消费者信贷对购买力的影响也很大。所谓消费者信贷，就是消费者凭信用先取得商品使用权，然后按期归还贷款，以购买商品。这实际上是一种提前消费。西方国家盛行的消费信贷主要有：短期赊销、购买住宅和昂贵的消费品分期付款、信用卡信贷等几类。

2.2.3　自然环境

自然环境会对企业市场营销工作产生很大的影响。由于各地区气候条件、资源状况、地势特点，以及各地区的经济发展状况和社会文化背景等不同，使得他们在经营方式和经营需求方面存在很大差别。如我国国土幅员辽阔，东、西、南、北各地区的地理环境差异很大，西北地区人员稀少，而东北地区则是土地肥沃，但气候寒冷。沿海地区、内地经济发达地区的经济条件较好，消费层次较高，对商品的要求也较高，是高档商品的主要销售地区。

一个国家或地区的地形、地貌和气候，对市场营销活动有一系列的影响，会影响产品和设备的性能和使用。在沿海地区运转良好的设备到了内陆沙漠地区就有可能发生性能的急剧变化。例如，我国北方寒冷与南方炎热的气候，都要求产品具有不同的环境适应性。这就是为什么在有三大“火炉”之首称号的武汉市的夏天，降温产品（冷饮、电风扇、空调、电冰箱）特别畅销的原因所在。

一个地区的自然资源状况往往是吸引外地企业前来投资建厂的重要因素。此外，自然环境对企业市场营销活动的影响还表现在两个方面：

① 自然资源短缺的影响。随着工业的发展，自然资源逐渐短缺。例如，我国资源从总

体上看是丰富的，但从人均占有量来看又是短缺的。近几年，资源紧张使得一些企业陷入困境，但又促使企业寻找替代品，降低原材料消耗。

② 环境的污染与保护。环境污染已成为举世瞩目的问题。我国虽属发展中国家，但工业“三废”（废渣、废水、废气）对环境造成了严重污染，其中煤烟型污染最为突出。对此，世界各国家都采取了一系列措施，对环境污染问题进行控制。

2.2.4 政治、法律环境

在任何社会制度下，企业的市场营销活动都必然受到政治与法律环境的限制和约束。政治环境主要是指国家的政治形势、政局（社会的安全性、稳定性）和政策等。政治形势对消费需求和实现购买欲望具有客观的调节作用，对市场状况和企业状况有着决定性的影响。每一个企业都要关心国家大事，善于分析发展变化趋势及对企业市场营销活动产生的影响。国家实行的许多政策，如国有企业改革政策、投资政策、信贷政策等，都会影响企业的市场营销活动。

法律环境是指与市场营销活动有关的法规、条例、标准和法令等。国家的大政方针总是体现在一些具体政策和法令上，如《专利法》、《商标法》、《广告法》、《反暴利法》、《反不正当竞争法》、《消费者权益保护法》等法律，是保障经济协调、稳定发展和维护社会整体利益的有效手段，只有了解与熟悉法规和政策，才能充分运用这些政策和法规。

瓷器是我国传统的出口商品，尤其是江西景德镇瓷器，多年来是国际上公认的上乘佳品，但在20世纪80年代初期对日本的出口却越来越困难。景德镇瓷器经日本一家保健所检验，产品含铅量高达30%，不符合日本《食品卫生法》的安全标准。1983年，日本厚生省就指定有关机构严格检查。日本一家经营景德镇瓷器的商店那时就将已销售的商品收回，连同库存货物一并退给出口商。

2.2.5 技术环境

进入21世纪以来，科学技术的发展，使得产品更新换代的速度加快，产品的市场寿命缩短。今天，科学技术突飞猛进，新原理、新工艺、新材料等不断涌现，使得刚刚炙手可热的技术和产品转瞬间成了“明日黄花”。这种情况，要求企业不断地进行技术革新，赶上技术进步的浪潮。否则，企业的产品跟不上更新换代的步伐，跟不上技术发展和消费需求的变化，就会被市场无情地淘汰。

科学技术的进步，将会使人们的生活方式、消费模式和消费需求结构发生深刻的变化。科学技术是一种“创造性的毁灭力量”。它本身创造出新的东西，同时又淘汰旧的东西。一种新技术的应用，必然导致新的产业部门和新的市场出现，使消费对象的品种不断增加，范围不断扩大，消费结构随之也发生变化。

2.2.6 社会文化环境

社会文化是指一个社会的民族特征、价值观念、生活方式、风俗习惯、伦理道德、教育水平、语言文字、社会结构等的总和。社会文化因素通过影响消费者的思想和行为来影响企业的市场营销活动。因此，企业在从事市场营销活动时，应重视对社会文化的调查研究，并作出适宜的营销决策。社会文化所包含的内容很多，下面仅就与企业营销关系较为密切的社会文化因素进行讨论。

1. 宗教信仰

不同的宗教信仰有不同的文化倾向和戒律，从而影响人们认识事物的方式、价值观念和行为准则，影响人们的消费行为。特别是在一些信奉宗教的国家和地区，宗教信仰对市场营销的影响力更大。据统计，全世界信奉基督教的教徒有10亿多人，信奉伊斯兰教的教徒有8亿人，印度教徒6亿人，佛教徒28亿人，泛灵论者3亿人。这些信仰和禁忌限制了教徒的消费行为，某些国家和地区的宗教组织在教徒的购买决策中有重大的影响。一种新产品出现后，宗教组织有时会提出限制和禁止使用，认为该商品与该宗教信仰相冲突；相反，有的新产品出现后，得到宗教组织的赞同和支持，它就会号召教徒购买、使用，起到一种特殊的推广作用。因此，企业应充分了解不同地区、不同民族、不同消费者的宗教信仰，提供适合其要求的产品，制定适合其特点的市场营销策略。中东地区国家的大部分居民信奉伊斯兰教；欧美国家的居民大部分信奉天主教和基督教；东方许多国家的居民信奉佛教等。我们要重视不同的宗教信仰与禁忌，有针对性地开展市场营销活动。

2. 风俗习惯

风俗习惯是人们根据自己的生活内容、生活方式和自然环境，在一定的社会物质生产条件下长期形成，并世代相袭而成的一种风尚。它在饮食、服饰、居住、婚丧、信仰、节日、人际关系等方面，都表现出独特的心理特征、伦理道德和生活习惯。不同的国家、不同的民族有不同的风俗习惯，它对消费者的消费嗜好、消费方式、消费行为等具有重要的影响。我们只有充分了解他们的民俗文化，才能使自己的商品打开销路。中国人过春节时，喜气洋洋，家家户户要贴对联、贴窗花，预示来年吉祥。大千世界，风俗各异，消费者对商品多样化、差异化的要求，使企业在作决策时必须考虑民族、民俗、民情的差别，否则，会导致营销失败。

不同的国家和民族对图案、颜色、数字、动植物等也有不同的喜好和使用习惯。像中东地区严禁带六角形的包装；英国忌用大象、山羊作商品装饰图案；再如中国、日本、美国等国家对熊猫特别喜爱，但一些阿拉伯人却对熊猫很反感；墨西哥人视黄花为死亡，视红花为晦气而喜爱白花，认为可驱邪；德国人忌用核桃，认为核桃是不祥之物；匈牙利人忌单数“13”；日本人忌荷花、梅花图案，也忌用绿色，认为不吉祥；南亚地区有一些国家忌用狗作商标；法国人还特别厌恶墨绿色，这是基于对第二次世界大战的痛苦回忆；新加坡的华人很多，所以对红、绿、蓝色都比较喜好，但视黑色为不吉利，在商品上不能用如来佛的形态，禁止使用宗教语言；伊拉克人视绿色代表伊斯兰教，但视蓝色为不吉利；日本人在数字上忌用“4”和“9”，因在日语发音中“4”同死相近，“9”同苦相近；中国香港、台湾地区的商人忌送茉莉花和梅花，因为“茉莉”与“末利”同音，“梅花”与“霉花”同音。

3. 价值观念

价值观念是指人们对社会生活中各种事物的态度、评价和看法。在不同的文化背景下，人们的价值观念有很大的差别，而消费者对商品的需求和购买行为深受其价值观念的影响。例如，中国消费者一贯崇尚节约，在购买商品时慎重选择；喜欢储蓄，绝大部分消费者不习惯超前消费。而西方国家的人更习惯于“超前享受”，并热衷旅游等，所以各种商品的消费贷款非常普遍。因此，对不同价值观念的消费者，就要采用不同的市场营销策略。

2.3 微观市场营销环境分析

企业市场营销活动的成败，不但取决于能否适应宏观环境的变化，而且取决于能否适应和影响微观环境的变化，能否与微观环境的各方面保持协调关系。企业的微观市场营销环境主要由企业内部环境、供应商、营销中介人、顾客、竞争者以及社会公众组成。而其中顾客与竞争者又居于核心的地位，因此，本节将重点对顾客与竞争者予以分析。

2.3.1 企业内部环境

企业的内部环境条件，涉及人员条件、技术条件、生产条件、资源条件、管理条件、企业文化等。这些内部环境条件共同决定着企业综合素质的状况。市场营销工作的成败从根本上来说最终将取决于企业的综合素质和整体工作状况。

面临相同的外部环境，不同的企业市场营销活动所取得的效果往往并不一样，这是因为它们有着不同的内部环境要素。在内部各环境要素中，人员是企业市场营销策略的确定者与执行者，是企业最重要的资源；企业管理水平的高低、规章制度是否完善决定着企业市场营销活动的工作效率；资金状况与厂房设备等条件是企业进行一切市场营销活动的物质基础，这些物质条件的状况决定了企业市场营销活动的规模。

2.3.2 供应商

供应商是影响企业市场营销活动微观环境的重要因素之一。供应商是指向企业及其竞争者提供生产产品和服务所需资源的企业或个人。供应商所提供的资源主要包括原材料、设备、能源、服务、资金等。如果没有这些资源作为保障，企业根本无法正常运转，也就无所谓提供给市场所需要的商品。因此，社会生产活动的需要，形成了企业与供应商之间的紧密联系。

企业在寻找和选择供应商时，应特别注意以下两点：

① 企业必须充分考虑供应商的资信状况。要选择那些能够提供品质优良、价格合理的资源，交货及时，有良好信用，在质量和效率方面都信得过的供应商。

② 企业必须使自己的供应商多样化。企业过分依赖一家或少数几家供货人，受到供应变化影响和打击的可能性比较大。所以，企业就要尽可能多地联系供货人，向多个供应商采购，尽量注意避免过于依靠单一的供应商。

2.3.3 营销中介人

营销中介人是指协助企业促销、销售和配销其产品给最终购买者的企业或个人，包括中间商、实体分配机构、营销服务机构和财务中间机构。这些都是市场营销不可缺少的环节，大多数企业的市场营销活动，都必须通过它们的协助才能顺利进行。例如，生产集中与消费分散的矛盾，就必须通过中间商的分销来解决；资金周转不灵，就必须求助于银行或信托投资机构等，正因为有了营销中介人所提供的服务，才使得企业的产品能够顺利地到达目标顾客手中。随着市场经济的发展，社会分工越来越细，这些中介机构的影响和作用也越来越大。因此，企业在市场营销过程中，必须重视中介组织对企业市场营销活动的影响，并要处理好同他们的合作关系。

2.3.4 顾客

这里所说的顾客，指的是企业决定为之服务的目标市场。一个企业往往将自己的产品销往几种类型的主体市场。企业必须深刻地了解其所服务的目标市场的特点、需求与购买行为，并设法满足市场的需要，以不同的服务方式提供不同的产品。顾客需求是企业生存的源泉。顾客是企业市场营销活动的起点，也是市场营销活动的对象和终点，这是企业最重要的一个环境因素。企业必须紧紧围绕着消费者的需求这个中心内容来开展各种市场营销工作，了解顾客为什么会选择或可能选择企业的产品和服务及其购买规律、购买方式和购买用途，顾客的潜在需求，以及对企业产品的意见和建议等，使企业能针对顾客的需要不断地研制新产品，满足顾客新的需求。

2.3.5 竞争者

竞争是商品经济的基本特性，只要存在商品生产和商品交换，就必然存在竞争。所谓竞争者，从广义来说指的是向一个企业所服务的目标市场提供产品的其他企业或个人。企业在目标市场进行市场营销活动的过程中，不可避免地会遇到竞争者或竞争对手的挑战。最为明显的是竞争对手的价格、广告宣传、促销手段的变化，新产品的开发，售前、售后服务的加强等都将直接对企业造成威胁。因而，企业必须密切关注竞争者的任何细微变化，并采取相应的对策。

从满足消费需求或产品替代的角度看，每个企业在试图为自己的目标市场服务时通常面临着下面四种类型的竞争者。

1. 愿望竞争者

愿望竞争者指的是向一个企业的目标市场提供种类不同的产品，以满足不同需要的其他企业。我们知道，一个消费者在一定时期往往有许多需要满足的愿望，如既想买一台电视机，又想买一台计算机或一辆摩托车，那么提供电视机、计算机、摩托车的各个企业之间就在这一部分市场上形成了竞争关系，互为愿望竞争者。

愿望竞争主要是从行业乃至产业之间的竞争关系来看的，它既不属于生产经营相关产品的企业之间的竞争，也不属于生产经营相同产品的企业之间的竞争。愿望竞争将使购买力的投向在不同行业或不同产业之间发生转移，从而使不同行业或产业的市场规模发生或大或小的变化。

2. 一般竞争者

一般竞争者指的是向一个企业的目标市场提供种类不同的产品，但可以满足同一种需要的其他企业。例如，一个消费者打算通过某种形式来解决上、下班的交通问题，而购买一辆自行车，或是购买一辆小汽车，或是乘公共汽车都可以满足他的这一要求，那么提供自行车、小汽车、公共交通服务的各个企业之间就在这一部分市场上形成了竞争关系，互为一般竞争者。

实际上，这些种类不相同的产品却有着相同或类似的功能，它们在满足某种需要上是可以相互替代的，这些产品就是所谓的相关产品。一般竞争考察的主要是不同行业间生产经营相关产品的企业之间的竞争问题，一般竞争将使购买力的投向在不同行业的生产经营相关产品的企业之间发生转移。

3. 产品形式竞争者

产品形式竞争者指的是向一个企业的目标市场提供种类相同，但质量、规格、型号、款式、包装等有所不同的产品的其他企业。由于这些同种但形式不同的产品在对同一种需要的具体满足上存在着差异，购买者有所偏好和选择，因此这些产品的生产经营者之间便形成了竞争关系，互为产品形式竞争者。

4. 品牌竞争者

品牌竞争者指的是向一个企业的目标市场提供种类相同，产品形式也基本相同，但品牌不同的产品的其他企业。由于主客观原因，购买者往往对同种类、同形式、不同品牌的产品形成不同的认识，具有不同的信念和态度，从而有所偏好和选择，因而这些产品的生产经营者之间便形成了竞争关系，互为品牌竞争者。例如，“可口可乐”与“百事可乐”、“格力”与“海尔”空调器、“肯德基”与“麦当劳”等互为品牌竞争者。

上述第三种和第四种竞争是在相同产品之间进行的，属于同行业之间的竞争。这两种竞争将使同行业内不同企业的市场占有率和市场地位发生变化。市场营销理论中所讲的竞争，较多的是指品牌竞争、产品形式竞争以及一般竞争。

2.3.6 公众

公众是指对企业实现其市场营销活动有实际的或潜在的兴趣和影响的任何团体或个人。一个企业的公众主要包括以下几个方面。

① 金融公众，指关心和影响企业取得资金能力的集团，包括银行、投资公司、证券公司、保险公司等。

② 媒介公众，指联系企业和外界的大众媒介，包括报纸、杂志、电视台、电台等。

③ 政府公众，指与企业的业务和市场营销活动有直接联系的政府机构和企业的主管部门，如主管有关经济立法及经济政策、产品设计、定价、广告及销售方面的机构；国家经贸委及省市各级经贸委、工商行政管理局、税务局、各级物价局等。

④ 地方公众，主要指企业周围的居民和团体组织，他们对企业的态度会影响企业的市场营销活动。

公众对企业的生存和发展具有重大的影响，公众可能有促使企业实现其目标的能力，也可能会产生妨碍企业实现其目标的能力。所以，企业必须采取积极、适当的措施，主动处理好同公众的关系，树立企业的良好形象，促进市场营销活动的顺利开展。

2.4 消费者市场需求

现代企业的市场营销观念要求企业发现、唤起和满足顾客的需求，使顾客的满意度达到100%，从而广泛占领市场，求得自己的发展。它体现了企业经营的指导思想，企业应主动发现顾客的购买欲望，并满足其需求，通过让顾客满意来实现效益。所以，企业应十分关注消费者的需求。如果不研究消费者的需求，企业将会失去市场。

2.4.1 消费者的需求特点

消费者的需求是人们为了自己生存和发展的需要对物质资料和精神产品所产生的欲望和反应。心理学研究表明，人的需求是由于人本身缺乏某种生理或心理因素而产生的与周围环境的某种不平衡状态。因此，需求是推动人活动的内在驱动力。

人的需求是多种多样的，但不论什么样的需求，都具有以下共同特点。

1．需求具有对象性

人的一切需求总是包括一定的内容或某种具体的事物，如口渴想要喝水、饥饿想要吃东西，离开了具体的事物与内容，就无所谓需求。

2．需求具有选择性

消费者已经具有的需求经验，使得消费者能够对需求的内容进行选择。究竟消费者个人选择哪种形式满足其需求，除了个人经验外，个体的喜好、文化素养、价值观、经济收入和目标的可接近性都是主要的影响因素。

3．需求具有连续性

需求具有连续性是指需求不断地出现、满足、再出现、再满足，周而复始地循环，永无止境。心理学家指出，人们的需求之所以永无止境是由于：

① 存在的需求永远不会完全得到满足，因而促使人们不断地进行活动以满足它。

② 一旦需求得到了满足，就会产生新的更高的需求。

③ 达到目标的消费者会为自己确定更高的目标。

4．需求具有相对满足性

需求的相对满足是指需求在某一具体情况下所达到的满足标准。从现实来讲，消费者需求的相对满足程度取决于消费者的消费水平。消费水平低，需求容易满足；反之，则不易满足。

5．需求具有发展性

消费者的需求不会静止在原有水平上，一般是向前推进的。随着社会生产的发展和消费者收入的提高，消费者的生活方式会发生转变，追求更好的生活质量，从而对商品和服务的需求也在不断地发展，由低级到高级，由物质到精神，由简单到复杂。

6．需求具有流行性

需求具有流行性即消费流行，是指在一定的社会经济条件下，受某些因素的影响而形成的消费“热潮”。如某种商品以其新颖、奇特、美观、大方、质量优异、价格适当出现在市场上，并被人们接受之后，就会产生一种无形的宣传，使更多消费者对这种商品发生兴趣，从而产生购买“热潮”，这种商品便成为流行商品。过一段时间后，这种商品可能就不时兴了，而由另一种时兴商品取而代之，这就是消费需求的流行性。消费流行有健康的、美好的，也有颓废的、低级的，企业应该加以区分，对健身用品、健康文化消费等应该加以满足，而对色情的、有害的需求则应予以抵制。

2.4.2 消费者购买行为分析

市场营销理论研究消费者市场，核心是研究消费者的购买行为，即研究消费主体通过支出（包括货币或信用）而获得所需商品或服务时的选择过程，而这个过程的形成与发展要受到许多因素的影响，其中主要因素有经济因素、心理因素和社会因素。

1. 经济因素

经济因素对消费者的购买行为的影响，主要是指消费者欲以尽可能少的支出获取最大的商品效用。其中主要包括两个方面：一方面是追求物美价廉的商品。消费者在购买商品时，主要考虑的是自己的收入、商品的功能和商品的价格，在个人收入、商品功能一定的条件下，商品的价格是推动消费者购买行为的动力。因此，当价格较高时，无论收入高低，其购买行为都会受到不同程度的抑制；当价格较低时，就会不同程度地激发起消费者的购买行为。另一方面是追求商品的最大效用。

2. 心理因素

消费者的购买行为受心理活动的支配。影响消费者购买行为的心理因素，也称为个别因素，它包括需求、感觉、学习、个性和态度等几个心理过程，通过对这些过程的研究，可以了解消费者购买行为的起因。

（1）需求

所谓需求，是指客观刺激物通过人体感官作用于人的大脑而引起的某种状态。当这种状态达到一定程度时，便产生需求，而需求又引起动机，后者又是引起人的行为、支配人的行为的直接原因和动力。消费者为什么购买某种产品，为什么对企业的市场营销活动有着某种反应，在很大程度上和消费者的购买动机密切相关。因此，企业的市场营销活动要想达到自己的目标，应设法通过一定的刺激物来引发消费者的需求及动机，进而促使消费者采取购买行为。

与新兴消费群体无节制的消费欲望不同的是，传统消费者进入了一个“无欲望的时代”。以前总能想出家里还缺什么，现在似乎什么也不缺。在无欲望的时代，消费者的需求是什么呢？

（2）感觉

当消费者有了购买动机之后，可能产生行动，但采取怎样的行动，则视其对客观情境的感觉如何而定。所谓感觉，是指人们通过感觉器官，对客观刺激事物和情境的反应。消费者对不同的刺激物或情境不仅会产生不同的感觉，就是对于相同的刺激物或情境，也会产生不同的感觉，出现这种现象的主要原因是由于感觉过程的特殊性。

（3）学习

人类的学习过程（包括消费者的学习过程）是由驱策力、刺激物、提示物（诱因）、反应、强化五个要素组成的。驱策力是一种驱使人们行动的内在推动力；刺激物是一种能减缓或消除驱策力紧张程度的物体，如御寒的衣服；提示物（诱因）又称提示刺激物，它决定着动机的程度和方向，如某人已有了购买一套西服的动机，但他何时、何地买，买什么品牌的西服，则受其周围的一些较次要的刺激物的影响；反应是对诱因和刺激物的反作用或反射行为；强化则是对刺激物反应的加强，强化与满意的程度是紧密相关的。

根据消费者这种刺激—反应—强化的规律，企业应为扩大产品的销路，向广大消费者提供有效的刺激物和诱因，并通过产品的质优、价廉、样式好来强化消费者的反应。

（4）个性

一个人所具有的特性，会直接或间接地影响他的购买行为。在分析个人性格对消费者购买行为的影响时，企业应特别注意对消费者自我形象的分析，这不仅是因为消费者自我形象是影响购买行为的重要个性因素，还因自我形象直接影响购买行为。所谓自我形象，是指每个人对自己的认识，其中有时是指一个人希望把自己塑造成什么形象，有时则是指在社会交往中，别人怎样看待自己。

（5）态度

所谓态度，是指人们对事物的看法，它体现着一个人对某一事物的喜好与厌恶的倾向。态度是从学习中来的，它有一个逐步形成的过程，而一旦形成，则直接影响人们的行为。例如，人们认为某一品牌的彩色电视机质量最好，就会购买这一品牌的彩色电视机，甚至当他的亲友购买彩色电视机时，他也会极力推荐这一产品。

3．社会因素

消费者的购买行为除了受经济因素、心理因素的影响外，还受其他社会因素的影响。这些社会因素主要包括文化、社会阶层、相关群体和家庭。

（1）文化

文化直接影响人们的欲望和行为。影响消费者购买行为的文化因素是指消费者所形成的共同的价值观、信仰、道德观、风俗习惯。而不同的价值观、信仰、道德观和风俗习惯是影响人们消费行为的深层次原因。

（2）社会阶层

由于收入水平、受教育程度等方面的差异，不同社会阶层的人，在购买行为和购买种类上具有明显的差异性，对商品、品牌、宣传媒体等均有不同的偏好。企业应适应不同阶层的消费者，以便有的放矢，采取最佳的市场营销策略。如高阶层的消费者比较喜欢温和性商品，低阶层的消费者则喜欢刺激性商品。

（3）相关群体

相关群体是指能直接或间接影响消费者行为和价值观的群体。相关群体有三种形式：一是主要团体，包括家庭成员、亲朋好友、同学和同事。主要团体对消费者的购买行为产生直接和主要的影响；二是次要团体，即消费者所参加的工会、职业协会等社会团体和业余组织。这些团体对消费者购买行为产生间接的影响；三是期望群体。消费者虽不属于这一群体，但这一群体成员的态度、行为对消费者有着很大影响，如影星、歌星、球星。

（4）家庭

家庭是社会的细胞，也是社会基本的消费单位，家庭成员对消费者的购买行为起着直接和潜意识的影响。对消费者购买行为的影响，在不同类型的家庭中其影响是有区别的。有人曾把家庭分为四种类型，即丈夫决定型、妻子决定型、共同决定型、各自做主型。另外，在不同商品的购买行为中家庭成员的影响也有区别。一般来说，丈夫对电视机、汽车等重要产品的影响较大，妻子则对洗衣机、吸尘器等商品的影响较大，夫妻影响均等的商品包括住房、家具等。

2.4.3 消费者购买决策过程分析

消费者的购买决策过程一般可分为五个阶段：引起需要、搜集信息、评估比较、决定购买、购后评价。

1. 引起需要（确认需求）

引起需要（确认需求）是购买行为的起点。这一阶段要有新、奇、美的商品及广告刺激以唤起及强化消费者的需要。

2. 搜集信息

搜集信息，以便完成从知晓到确信的程序。企业应加大广告宣传，做好商品的展示和陈列。

3. 评估比较

对搜集到的信息进行评估比较，这是决策过程的决定性环节。这一阶段，企业应加大宣传力度，改变消费者心目中的品牌、产品的信念和标准。

4. 决定购买

通过以上三步后，消费者要确定是立即购买、延期购买还是不买。在这一阶段，企业应提供详细的商品信息、销售服务，以促成其购买行为。

5. 购后评价

购后评价是消费者对已购商品在使用过程中，对满足自己预期需要的反馈，重新考虑购买这种商品是否正确、是否符合预期等，从而产生的感受。这种感受一般表现为满意、基本满意、不满意三种评价。“最好的广告是满意的顾客”，因此，企业要加强售后服务，改善消费者的购后感受。

本章小结

市场营销环境是指与企业市场营销活动有潜在关系的所有外部力量和相关因素的集合，它是影响企业生存和发展的各种外部条件。企业市场营销活动要考虑宏观环境、微观环境和消费者要求。

① 宏观环境是指影响企业市场营销活动的社会性力量与因素，包括人口环境、经济环境、自然环境、技术环境、政治环境、法律环境以及社会文化环境。这些因素是企业不可控制的变量。

② 微观环境是指与企业市场营销活动直接发生关系的组织与行为者的力量和因素，包括企业内部环境、供应商、营销中介人、顾客、竞争者和公众，这些都会影响企业的市场营销活动。

③ 消费者需求，是人们为了自己生存和发展的需要对物质资料和精神产品所产生的欲望和反应。因此，需求是推动人们活动的内在驱动力。

市场营销理论研究消费者市场，核心是研究消费者的购买行为，其中主要因素有经济因素、心理因素和社会因素。

习题2

一、填空题

1．企业的市场营销环境包括____________和____________两方面的因素。

2．竞争者包括__________、一般竞争者、__________、__________。

3．宏观环境是代表企业__________的变量。

4．市场是由那些想买东西并且有__________的人构成的，而且这种人越多，市场的规模就越大。

5．消费者收入包括消费者个人工资、__________、__________、租金、__________等收入。

6．消费者的购买力来自____________。

7．随着消费者收入的变化，消费者支出模式会发生变化，这个问题涉及________。

8．马斯洛的需要层次理论认为：人的需要层次由低到高依次是________、________、________、________、__________。

9．国外一些厂商常花高价请明星们穿、用他们的产品，可起到显著的示范效应。这是利用了______心理对消费者的影响。

10．在不同的地区、不同的气候条件下，消费者的情绪、习惯、偏好甚至审美观、性格、气质等都有所不同，这是__________环境对消费心理的影响。

二、单项选择题

1．能满足购买者共同愿望的同种类产品的各种品牌是（　　）。

A．愿望竞争者　　B．一般竞争者　　C．产品形式竞争者　　D．品牌竞争者

2．代理中间商是属于市场营销环境的（　　）因素。

A．内部环境　　B．竞争者　　C．企业市场营销渠道　　D．公众环境

3．市场营销环境中的（　　）被称为一种“创造性的毁灭力量”。

A．新技术　　B．自然资源　　C．社会文化　　D．政治法律

4．下列属于市场营销微观环境的是（　　）。

A．辅助商　　B．政府、公众　　C．人口环境　　D．消费者收入

5．目前许多国家中的人口环境方面的主要动向有（　　）。

A．人口流动性加大　　B．出生率下降　　C．老龄化　　D．以上所有

6．影响消费者支出模式的因素有（　　）。

A．经济环境　　B．消费者收入　　C．家庭生命周期　　D．以上所有

7．需要层次理论的首创者是（　　）。

A．西格蒙德·弗洛伊德　　B．亚伯拉罕·马斯洛

C．宇野正雄　　D．菲利普·科特勒

8．在影响消费者行为的心理因素中，最重要的是（　　）。

A．由需求引起的动机　　B．感觉

C．学习　　D．个性和态度

9．一个消费者的完整购买过程是从（　　）开始的。

A．引起需要　　B．筹集经费　　C．搜集信息　　D．决定购买

10．小王见同事小张买了一台游戏机，觉得很好，于是准备星期天也上街选购一台。这时小王处于购买决策过程的（　　）阶段。

A．引起需要（确认需求）　　　　B．搜集信息
C．评估比较　　　　D．购买决策

三、判断题（正确的画“√”，错误的画“×”）

1．所谓需求，是指客观刺激物通过人体感官作用于人的大脑而引起的某种状态。（　　）
2．消费者的购买行为受经济因素、心理因素的影响，不会受其他社会因素的影响。（　　）
3．文化不是影响人们欲望和行为的重要因素。（　　）
4．市场营销理论研究消费者市场，核心是研究消费者的购买行为。（　　）
5．消费者的购买行为是指消费者在购买动机的支配下，为满足某种需要而进行的购买商品的活动。（　　）

案例分析2——沃尔玛和家乐福撤离韩国

进入21世纪之后，全球最大零售商沃尔玛公司宣布，将以8.82亿美元价格把它在韩国的分店出售给韩国新世界集团，从而正式退出韩国市场。在一个月前，全球第二大零售商家乐福集团已将其在韩国的所有分店转让给了韩国企业。

两大跨国零售集团为何相继在韩国市场受挫？

有专家在沃尔玛和家乐福超市进入韩国时就提出，沃尔玛和家乐福超市简陋灰暗的会员制卖场、特别是几米高的货架对身材娇小的韩国妇女来说很不方便。另外，韩国消费者不习惯一次性购买大量商品，而是喜欢精挑细选，对价格反而不敏感。而且，沃尔玛和家乐福超市未能根据韩国人的居住和出行习惯将卖场设立在大型居民区附近，而是一味追求卖场规模和低廉的土地成本，结果它给韩国人的普遍印象就是比其他超市更远、更不方便。可惜，沃尔玛和家乐福超市对此同样未引起重视。

而且家乐福在韩国有的连卖场店员都是从法国本土招募的。这不仅增加了人员成本，而且由于语言和文化的隔阂，法国雇员很难理解和掌握韩国人的消费心理，经营僵化，导致巨额亏损。

两大巨头在韩国的境遇告诉我们，在全球化的今天，如果忽视市场特点和消费者习惯，故步自封于单一僵化的经营模式，规模再大，资本再雄厚的企业，也照样会被消费者拒之门外。

【案例思考】

1．你认为导致沃尔玛和家乐福超市撤离韩国的原因是什么？
2．我们应该如何分析市场营销环境对企业的影响？

实训2

课堂训练：对市场营销环境的理解

主　　题：思维拓展能力训练
课　　时：2学时
地　　点：教室

过程设计： ① 结合教学内容，分阶段让学生搜集有关宏观市场营销环境和微观市场营销环境的资料，根据每个学生搜集资料的相近程度，按每组5～6人进行分组。

② 各小组先对每个人根据资料提出的观点进行讨论，推选一名代表上台演讲。

③ 由授课教师对每组的演讲进行点评并颁发奖品。

实训目的： ① 培养学生搜集资料并进行信息分析的能力。例如，美国的一个化妆品的广告是这样的：一位丈夫跪在妻子的面前将这件化妆品作为礼物送给了妻子，结果该化妆品在美国卖得很好，因为它表现了一种西方社会对女性的尊重方式。

② 采用听、说、想的形式，拓展学生的思维，提高其分析问题、解决问题的能力。

③ 面向全体学生因材施教，最大限度地调动学生的学习积极性，让学生体会共同学习的重要性。

建　　议： 教师可以围绕多种市场营销环境，采取灵活多样的方式对学生进行各种能力的训练，以提高学生的综合素质，并将每个学生搜集市场营销环境资料的成绩计入学期总成绩。

实战演习：组建并了解企业

实战准备： 联系当地一家企业或在校内组建一个模拟公司，学生进行分组咨询、调研（包括到工商局、税务局办理登记手续等），分析该公司盈利要受哪些因素的影响？公司的人员应如何组成？

实战目的： ① 通过模拟实习，了解影响企业市场营销的内部、外部环境因素。

② 分析企业应如何适应市场营销环境的变化。

实施方案： ① 指导教师与用工单位联系，掌握该公司的情况，有针对性地进行指导。

② 建议以小组为单位，围绕下面的问题展开调研。

- 影响公司盈利的主要环境因素有哪些？
- 你所调研的行业市场状况如何？
- 公司的客户（消费者）都是什么类型的人？
- 公司产品的市场占有率有多大？
- 公司的主要竞争对手有哪些？他们的优势和劣势是什么？
- 潜在的竞争对手来自何方？
- 公司应如何适应市场营销环境的变化？

CHAPTER 3

第3章 市场细分

知识要点

- ❖ 市场细分的含义、作用、依据及程序。
- ❖ 目标市场的含义、作用及影响目标市场选择的因素。
- ❖ 市场定位的含义及策略。
- ❖ 市场营销组合的构成及策略。

能力要点

- ❖ 能够在市场细分的基础上，正确地选择目标市场，进行市场定位。
- ❖ 能够采取恰当的市场营销组合策略，草拟市场营销策划书。
- ❖ 培养学生分析问题、解决问题的能力，合作意识，团队精神和竞争意识。

引例3

美国钟表业的市场细分

美国钟表公司在第二次世界大战结束后的很长一段时间，主要生产经营名贵手表，满足美国高收入消费人群的需求。

随着20世纪50年代以后世界钟表业突飞猛进的发展，以瑞士和日本为代表的钟表，对美国市场造成极大冲击，使美国钟表业举步维艰，经营处于困境。在这种形势下，迫使美国钟表企业需要想出新的对策。

因此，美国钟表公司开始重视市场信息的收集、分析和研究，在此基础上对钟表市场进行细分。通过市场细分，发现美国的钟表市场客观存在着三种类型的消费者群。第一类：以购买名贵手表为主的消费者，他们追求象征性和感情上的价值，购买手表是作为礼物送人，占整个消费者的31%。第二类：强调手表计时准确、经久耐用、式样新颖美观，价格较高，占消费者的46%。第三类：购买手表是作为掌握时间的工具，价格低廉，占消费者的23%。

通过这一市场细分，发现过去的美国钟表公司只满足了31%的消费者的需要，而69%的市场还没有去开发。因而当机立断，把战略重点放在了第二、三类消费者市场上。他们生产了一种起名为“天美时”的价廉物美的手表，很快占领了这一市场。

如何根据消费者的差异性，将某特定产品的整体市场分割为若干消费群体，以选择和确定目标市场，提供更有针对性的服务，就是本章要阐述的重点内容。

3.1 市场细分

市场细分是由美国市场营销学家德温尔·斯密于20世纪50年代中期首先提出的一个新概念。它顺应了第二次世界大战后美国众多产品由卖方市场转化为买方市场这一新的市场形势，是传统营销思想的新发展，是企业在经济活动中贯彻市场导向这一市场营销观念的合乎逻辑的产物。

3.1.1 市场细分的含义

在许多市场上，存在着一个个的消费者群，他们有着不同的需求和欲望。所谓市场细分，就是指企业根据消费者购买行为与购买习惯的差异性，将某一特定产品的整体市场分割为若干消费群体，以选择和确定目标市场的活动。

企业进行市场细分，首先要发现不同消费者之间需求的差别。就进餐而言，有的人吃的是味道，有的人注重的是环境，有的人讲究的是氛围，消费者需求的差异是必然存在的。进行市场细分，要把需求相同的消费者群归为一类，这样每一个消费者群体就构成一个细分市场。

在不同的细分市场之间，消费者的需求存在比较明显的区别。而在每个细分市场内，消费者需求的差别就比较小。可见，市场细分是运用了“求大同存小异”的方法。必须注意的是，市场细分与一般的市场分类有质的区别。市场的一般分类往往只按照商品的供应方来划分，而并非按照消费者的需求差异来细分。

3.1.2 市场细分的作用

市场细分的作用主要表现在以下四个方面。

1．有利于分析和发掘新的市场机会

企业可以根据目前市场竞争的状况来分析市场需求的满足程度，发现那些需求尚未得到满足的消费者，他们往往就是极好的市场机会。尤其是发掘出新的潜在需求，率先开辟新的细分市场，可得到极大的先占之利。

2．有利于小企业开发市场

小企业一般资源、能力都有限，在整体市场或较大的细分市场上缺乏竞争能力。如果小企业善于发现一部分特定消费者未满足的需求，细分出一个小市场，推出相应的产品，往往能够取得极大的经济效益。

3．有利于企业制定和调整市场营销策略

在不同的细分市场上，消费者对于产品的质量、款式、包装、维修服务、产品价格等有着不同的要求，对广告、宣传的形式也有不同的偏好。因此，企业只有根据目标市场的特点，有针对性地综合运用各种市场营销手段，才能取得事半功倍的效果。离开了市场细分，对目

标市场的概念就模糊不清，就不可能制定出正确的市场营销策略。

例如，真丝花绸在欧美等国市场上属于名贵、高档商品，消费者大多数是有地位、有身份的上流社会中的女性。前些年，我国外贸行业向欧美等国出口真丝花绸时，没有进行市场细分，对目标顾客的需求特点不了解，经营一直不畅。我国的产品配色不够协调、不柔和、不符合西方人的品位。针对这种情况，国内有些企业已走在前列，不断地开发出具有高附加值的丝绸末端产品，取得了较好的经济效益。

4．有利于企业集中使用资源

企业可以根据细分市场的特点，集中使用企业资源，避免分散力量，发挥自身的优势，取得最佳经济效益。如美国有一家规模很小的制鞋公司，在品种、规格甚多的皮鞋市场上缺乏竞争力，通过市场细分发现有些消费者喜欢穿一种轻便、舒适的软牛皮鞋，于是投入自己全部的资金和人力，生产这种软皮便鞋，打入了竞争激烈的皮鞋市场，并取得了较好的经济效益。

3.1.3 市场细分的依据

麦当劳有美国国内和国际市场，而无论是在国内还是国外，都有不同区域的人的饮食习惯和文化背景。麦当劳进行地理细分，主要是分析各区域的差异。如美国东、西部的人喝的咖啡口味是不一样的。通过把市场细分为不同的地理单位进行经营活动，从而做到因地制宜。麦当劳刚进入中国市场时大量传播美国文化和生活理念，并以美国式产品牛肉汉堡来征服中国人。但中国人爱吃鸡，鸡肉产品更符合中国人的口味。针对这一情况，麦当劳推出了鸡肉产品。在全世界从来只卖牛肉产品的麦当劳也开始卖鸡肉产品了，加快了麦当劳在中国市场的发展步伐。

1．消费者市场细分的依据

由上述案例可见，消费者市场的细分依据很多，但一般可概括为地理因素、人口因素、心理因素和行为因素。

（1）地理因素

地理因素是指消费者市场所处的地理位置和地理环境，包括地理区域、地形气候、人口密度等。

① 地理位置。其可以按照行政区划来细分，也可以按照地理区域来细分。

② 城镇大小。其可划分为大城市、中等城市、小城市和乡镇。

③ 地形和气候。按地形可划分为平原、丘陵、山区、沙漠地带等；按气候可分为热带、亚热带、温带、寒带等。防暑降温、御寒保暖之类的消费品就可按不同气候带来划分。

（2）人口因素

人口因素就是按照人口统计资料所反映的内容，如年龄、性别、收入、民族、职业、教育状况、家庭规模等因素来细分市场。人口因素比较容易衡量，是市场细分最常用的依据。

① 年龄。不同年龄段的消费者，由于生理、性格、爱好、经济状况的不同，对消费品的需求往往存在很大的差异。如按年龄可将市场划分为儿童、青年、中年和老年市场。从事服装、食品、保健品、药品、健身器材、书刊等商品业务的企业，经常采用年龄变数来细分市场。

② 性别。按性别可将市场划分为男性市场和女性市场。不少商品在用途上存在明显的性别特征，如男装和女装。在购买行为、动机等方面，男女之间也有差异，如女士是服装、化妆品、节省劳动力的家庭用具、小包装食品等市场的主要购买者，男士则是香烟、饮料、体育用品等市场的主要购买者。

③ 收入。收入的变化直接影响消费者的需求欲望和支出模式。根据平均收入水平的高低，可将消费者划分为高收入、次高收入、中等收入、次低收入、低收入五个群体。收入高的消费者通常比收入低的消费者购买更高价的产品，如钢琴、汽车、空调、豪华家具、珠宝首饰等；收入低的消费者则通常在住地附近的商店、仓储超市购物。

④ 民族。世界上大部分国家都拥有多个民族，我国更是一个多民族的大家庭，各民族都有自己的传统习俗、生活方式，从而呈现出各种不同的商品需求。

⑤ 职业。不同职业的消费者，由于知识水平、工作条件和生活方式等不同，其消费需求存在很大的差异，如教师有书籍、报刊等方面的需求，文艺工作者有美容、服装等方面的需求。

（3）心理因素

心理因素是指根据购买者所处的社会阶层、生活方式、个性特点、价值观念、偏爱程度等变数对市场进行细分。心理因素是比较复杂的动态因素，企业必须根据消费者的不同心理变化，随时进行调查研究，以便确定自己的目标市场。例如，人们总是通过消费特定的商品来表现他们的生活方式。

① 生活方式。越来越多的企业，如服装、化妆品、家具、娱乐等行业，重视按人们的生活方式来细分市场。生活方式是人们对工作、消费、娱乐的特定习惯和模式，不同的生活方式会产生不同的需求偏好，如“传统型”、“新潮型”、“节俭型”、“奢侈型”等。

② 性格。性格可以用外向与内向、乐观与悲观、自信、顺从、保守、急进、热情、老成等词句来描述。性格外向、容易感情冲动的消费者往往好表现自己，因而他们喜欢购买个性化的产品；性格内向的消费者则喜欢购买大众化的产品；富于创造性和冒险心理的消费者，则对新奇、刺激性强的产品特别感兴趣。

③ 购买动机。消费者对所购产品追求的利益主要有求实、求廉、求新、求美、求名、求安等，这些都可作为细分的变量。例如，有人购买服装为了遮体保暖，有人是为了美的追求，有人则为了展现自身的经济实力等。因此，企业可对市场按利益变数进行细分，确定目标市场。

（4）行为因素

行为因素即以购买者对产品的购买时间、数量、频率、习惯等标准来划分消费者群。

① 购买时间。许多产品的消费具有时间性，烟花爆竹的消费主要在春节期间，月饼的消费主要集中在中秋节前。

② 购买数量。据此可分为少量使用者、中量使用者和大量使用者。大量使用者人数不一定多，但他们的消费量占总消费量的比重却很大。因此，大量消费者经常成为许多企业重要竞争的目标市场。

③ 购买习惯（对品牌的忠诚度）。据此可将消费者划分为坚定品牌忠诚者、多品牌忠诚者、转移的忠诚者、无品牌忠诚者等。

2．生产者市场细分的依据

除心理因素对生产者市场的购买行为影响较小外，消费者市场细分标准一般都可用于生产者市场。但由于生产资料市场有它自身的特点，企业还应采用其他一些标准和变数来进行细分，最常用的有如下两个。

（1）最终用户

最终用户不同，所追求的功能需要往往不相同。如电子产品市场按最终用户可分为军事用户、工业用户、商业用户三个细分市场。一般来说，军事用户重视产品质量，特别是产品的可靠性，而对价格不作为主要考虑的因素；工业用户则重视产品的质量和售后服务，在质量保证的前提下，力求价格便宜；商业用户则重视价格和交货期。

（2）用户规模

企业规模的大小主要依据企业资本的多少和购买力的大小来划分。一般而言，大企业数量少、资金多、购买力强、购买集中及购买次数少；相反，小企业数量多、资金少、购买力弱、购买较分散及购买次数多。因此，企业可根据用户规模的大小细分市场。

3.1.4 市场细分的程序

下面对美国营销学家麦卡锡提出的逻辑性很强的“细分程序五步法”介绍如下。

1．选定产品市场范围

选定产品市场范围即是明确企业任务、目标，对市场环境充分调查、分析之后，以市场未满足的需求为依据，来确定企业的产品市场范围。

2．估计潜在顾客的基本需求

在选定市场范围以后，企业可以从地理因素、心理因素、行为因素等方面，对潜在顾客的产品基本需求进行估计。例如，对于空调的性能，南方地区在选购上以制冷为主，北方地区则相反。

3．分析潜在顾客的不同需求

企业依据人口因素作抽样调查，向不同的潜在顾客了解哪些需求对他们更重要，初步形成几个消费者需求相近的细分市场。例如，由于家庭居住面积大小的不同，需要功率大小不同的空调；由于家庭收入不同，需要价格不同且功能各异的空调。

4．剔除潜在顾客的共同需求

检验各个细分市场的需求，剔除其中的共同需求，以它们之间需求的差异作为市场细分的依据。例如，一般的顾客都希望空调噪声小、耗电量低，这是共同的需求，但这不能作为市场细分的依据。不同的家庭需要功率大小不同的空调，这种需求的差异就可以作为市场细分的依据。

5．为细分市场定名

根据不同消费者的特点，划分为相应的细分市场，并赋予一定的名称，从名称上可联想该市场消费者群的特点。例如，宾馆客房空调、汽车专用空调及家用空调等。

3.2 目标市场

企业在市场细分的基础上，只有正确地选择其中一个或少数几个细分市场作为目标市场，并采用适当的市场营销战略，才能得以生存与发展。

3.2.1 目标市场的含义

选择目标市场，明确企业应为哪一类用户服务，满足他们的哪一种需求，是企业在市场营销活动中的一项重要策略。为什么要选择目标市场？因为不是所有的子市场对本企业都有吸引力，任何企业也没有足够的人力资源和资金满足整个市场或追求过分大的目标，只有扬长避短，找到有利于发挥本企业现有的人、财、物优势的目标市场，才能在庞大的市场上找准商机。目标市场就是通过市场细分后，企业准备以相应的产品和服务满足其需要的一个或几个子市场。

3.2.2 目标市场的选择标准

正确选择和确定目标市场，一般要遵循以下三个标准。

1. 市场上存在潜在需求

从现代市场营销的动态观念出发，企业不但要重视消费者的现实需求，而且要重视消费者的潜在需求。市场是否存在潜在需求，它关系到企业的长远发展，是企业选择目标市场的首要问题。

2. 市场要具有一定的购买力

如果一个市场缺乏与消费产品相适应的购买力，那么就不能构成现实市场，以盈利为目标之一的企业就很难达到预期的目的。

3. 市场尚未呈现垄断

企业选择目标市场时，还需了解市场是否已被竞争对手完全控制，是否还有企业生存发展的空间，否则选择该市场作为目标市场就会失去意义。

3.2.3 目标市场的营销策略

目标市场选定以后，企业就要着手进入目标市场，而可供选择的目标市场的营销策略主要有以下三种。

1. 无差异性市场营销策略

无差异性市场营销策略是指企业在整体市场中组织经营活动，但仅提供一种产品，实施一组市场营销策略。其特点是：

① 非市场细分化，即着眼于整体市场需求的共性而非差异性。
② 将整体市场作为企业的目标市场。
③ 提供一种产品以满足整体市场中顾客的某一共同需求。
④ 实施一组市场营销策略为整体市场服务。

例如，福特汽车公司和可口可乐公司均十分成功地实施过这种策略。福特汽车公司的创新产品“T型车”，不仅只提供单一车型，还只有一种颜色，该公司的口号是“不管你喜欢什么颜色，我们只生产黑色车”。

2. 差异性市场营销策略

差异性市场营销策略是指企业在整体市场中组织经营活动，但分别为各细分市场提供互有差异的产品，并实施各具特色的市场营销策略。其特点是：

① 市场细分化，即着眼于整体市场需求的差异性。

② 将整体市场中的所有细分市场均作为企业的目标市场。

③ 推出多种产品，分别满足各细分市场的特殊需求。

④ 实施多种市场营销策略，分别为各细分市场服务。

差异性市场营销策略是科学发展的结果，也是企业之间激烈竞争的产物。

差异性市场营销策略能较好地提升企业及其品牌的知名度和美誉度，塑造良好的企业形象，培养品牌忠诚度，增加销售量，扩大市场占有率。

3. 集中性市场营销策略

集中性市场营销策略是指企业明确市场细分后，在对各细分市场进行评估、分析、判断的基础上，选择其中一个或少数几个细分市场作为目标市场，集中企业所有的力量，实行专业化生产和销售。其特点是：

① 市场细分化。

② 从整体市场中选择一个细分市场或少数几个细分市场作为企业的目标市场。

③ 企业为某一目标细分市场提供相应的产品以满足其需求，实施集中性市场营销策略为其服务。

由于集中性市场营销策略不是以追求整个市场为目标，而是全力以赴，经营具有特色的产品或“拳头”产品来占领市场，在局部市场上取得明显优势，即在小市场中占有较大的份额，所以采取这种策略对资源有限的中小企业比较有利。

3.2.4 影响目标市场营销策略选择的因素

上述三种目标市场的营销策略各有利弊，在选择目标市场时，必须要综合考虑以下企业面临的各种因素和条件。

1. 企业实力

企业实力主要包括财力、生产能力、销售能力及对市场营销活动的管理能力。如果企业实力较强，可采取无差异性市场营销策略或者差异性市场营销策略；反之，如果企业实力不够强，无力经营多个目标市场，则最好采用集中性市场营销策略，选择一个子市场作为目标市场。这样容易在局部市场上有的放矢，取得优势，获得成功。

2. 市场与产品的同质性

市场与产品的同质性是一个问题的两个方面，即二者在本质上都是说明目标市场需求是否存在差异。对于同质性高的产品，如钢铁、食盐等，企业应采取无差异性市场营销策略；而对于那些可进行不同设计的异质性产品，如家电、服装等，则应采取差异性市场营销策略或集中性市场营销策略。

3. 产品的寿命周期

企业应随着产品所处的寿命周期阶段的变化而变换市场营销策略。当新产品刚投放市场时，竞争者往往比较少，企业的主要任务是预测市场需求和潜在顾客，扩大市场规模，因此可采取无差异性市场营销策略。当产品进入成长期和成熟期时，由于产品品种日益增多，竞争也日趋激烈，企业为了战胜对方，应采取差异性市场营销策略。当产品进入衰退期时，为保住原有市场，延长产品的寿命周期，集中力量对付竞争者，企业应采取集中性市场营销策略。

4. 竞争者市场营销策略

在市场竞争中并无固定模式，一切要从实际出发酌情制定或调整目标市场营销策略。例如，当竞争者实施无差异性市场营销策略，而市场需求又客观上存在差异时，可考虑采取差异性市场营销策略；当竞争者实行差异性市场营销策略时，则可选择有差异的市场细分及适当的定位策略与之对抗。

5. 竞争者的数目

企业可根据市场竞争者数目的多少来选择市场营销策略。当同类产品有很多竞争者时，满足各细分市场消费者群的需要就显得十分重要，因此为了增强竞争能力，可以选择差异性市场营销策略或集中性市场营销策略。当同类产品的竞争者很少时，企业可采取无差异性市场营销策略。

正是缘于对以上因素的分析和比较，中国内地的香皂成功地进入中国香港地区市场。中国香港地区的香皂市场大多是美、日、英、法等国家的产品，其香型、质量、包装、造型都比大陆地区的好，每块售价均为数元到十元港币不等。根据这一情况进行分析，大陆地区的香皂要打入香港市场，显然在内在质量、外观质量和包装质量等方面都无法与对方竞争，但大陆地区的香皂生产成本低，是一大优势。因此，低收入阶层则应作为首先进攻的对象。于是，大陆地区的香皂售价定为2～3元港币，以适合低收入阶层的香皂需求。由于价格上的优势差距，大陆地区的香皂打入了中国香港地区的低档市场。

3.3 市场定位

企业一旦选定了目标市场，就要在目标市场上进行产品的市场定位。如今，我国市场正处于前所未有的竞争激烈的“战国时代”。众多品牌的不断涌现，产品间的差异性越来越小，同质性越来越严重，使得市场争夺日益激烈。与此同时，消费者面对这些千人一面的商品，无法一一识别，而往往只会选择那些在他们心中占据一定位置的品牌商品。从战略上看，高明的竞争战略是“攻心为上，攻城为下”。要想脱颖而出，就要击中消费者的心，在其心中占据阵地。那么怎样才能占据消费者的心呢？

有一张照片能给予我们启示。在整张照片上挤满了密密麻麻的牛，这些牛体形极其相似，唯有一头牛却异常引人注目，在其他牛都低头觅食的时候，它却抬头回眸，瞪着大眼好奇地望着摄影镜头，神情可爱。看到这张照片的人无不一下子被那头牛吸引住目光，并对其留下深刻的印象，而对其他牛则毫无印象。这说明：有差异、与众不同的事物才容易吸引人的注意力！

同一产品，往往可适应不同的市场需求，赋予不同的市场定位。意大利金莎牌巧克力就是一个典型的例子。一颗金光闪闪的榛子果仁巧克力，在不同的包装下，可进入不同的市场，吸引不同的消费者。

① 3颗小包装的“金莎”，是专门为核心消费层（18～25岁）设计的，这些年轻人重复采购频繁，其定位在自我消费的层面上。

② 5颗纸盒装的“金莎”，是把3颗装的装饰豪华化，数量增至5颗，就使其进入价格较高、但市场较狭窄的层面。其定位在刻意追求美观包装，而不计价格，一切以形象及品质为时尚的消费层面上。在分量上，它既可满足个人又可与人分享，还可以当做小礼物送给亲朋好友，表达一份小小的心意。

③ 8颗心形盒装“金莎”，是包装独特的礼品巧克力。其对象是大量的非巧克力消费者，可以作为母亲节、情人节及朋友生日的礼物。

3.3.1 市场定位的含义

所谓市场定位，就是企业根据目标市场上同类产品的竞争状况，针对顾客对该类产品某些特征或属性的重视程度，为本企业产品塑造强有力的与众不同的鲜明个性，并将其形象生动地传递给顾客，求得顾客的认同。市场定位的实质就是使本企业与其他企业严格区分开来，使顾客明显感觉和认识到这种差别，从而在顾客心目中占有特殊的位置。市场定位具有先入为主的特征，顾客一旦对初次定位的市场有了认知，其他的竞争者则难以改变他们的看法。如瑞士厂商对机械手表市场的占领，雀巢公司对速溶咖啡市场的占领等。

3.3.2 市场定位的依据

1. 档次定位

定位于不同档次的产品，传达了产品不同品质的信息。例如，定位于高档次的产品，不但传递了产品高品质的信息，而且往往通过高价位来体现其价值，满足了消费者对它的心理认同，如给消费者带来自尊和优越感等。价格高达几万元的劳力士表是众多手表品牌中的至尊，是财富与地位的象征。

2. 特色定位

构成产品内在特色的许多因素都可以作为市场定位所依据的原则，如所含成分、材料、质量、价格等。七喜牌汽水的定位是“非可乐”，强调它是不含咖啡因的饮料，与可乐类饮料不同。泰诺牌止痛药的定位是“非阿司匹林的止痛药”，显示药物成分与以往的止痛药有本质的差异。一件仿皮皮衣与一件真正的水貂皮衣的市场定位自然不会一样，同样，如果不锈钢餐具若与纯银餐具定位相同，则令人难以置信。

3. 利益定位

利益定位是指依据产品向消费者提供的利益来进行定位。在同类产品竞争激烈的情形下，可以突出产品的特点和优势，让消费者按自身偏好和对某一种产品利益的重视程度，将不同产品在头脑中排序，置于不同的位置，在有相关需求时，选择相关的商品。例如，在汽车市场上，“沃尔沃”的“安全、耐用”，“丰田”的“经济、可靠”，“菲亚特”的“精力充沛”，“奔驰”的“高贵至尊”，“绅宝”的“飞行科技”，“宝马”的“驾驶乐趣”。

4. 使用者定位

依据产品与某类消费者的生活形态和生活方式的关联作为定位，称为使用者定位。以“劳斯莱斯”为例，它不仅是一种交通工具，还是富豪式生活方式的一种标志。90多年来，劳斯莱斯公司生产的“劳斯莱斯”和“本特利”豪华轿车总共才十几万辆，最昂贵的车价高达34万美元。据调查，拥有这两种品牌轿车的消费者有以下五大特征：

① 他们中1/3的人拥有自己的公司。

② 几乎每一个人都有数处房产。

③ 每个人都拥有一辆以上轿车。

④多数人有艺术收藏和游艇。

⑤ 平均年龄在50岁以上。

由此可见，“劳斯莱斯”体现了豪华的社会地位和显赫的生活方式。

5. 文化定位

文化定位是将普通商品升华为情感象征物，以获得消费者的心理认同和情感共鸣，使产品形象根植于消费者的脑海中，达到稳固和扩大市场的目的。

3.3.3 市场定位的策略

市场定位是一种竞争性定位，它反映了市场竞争各方的关系，是为企业有效参与市场竞争服务的。一般而言，企业可采用以下三种市场定位策略。

1. 避强定位

避强定位是一种避开强有力的竞争对手而进行市场定位的模式。企业不与对手直接对抗，而是将自己定位于某个市场“空隙”，发展目前市场上没有的特色产品，开拓新的市场领域。正如棒球界流行的一种说法“对准没有人的地方打”。这种定位的特点是：能迅速在市场上站稳脚跟，并在消费者心中尽快树立起形象。由于这种定位方式市场风险较小，成功率较高，常常为多数企业所采用。

2. 迎头定位

迎头定位是一种与在市场上居支配地位的竞争对手“对着干”的定位方式，即企业选择与竞争对手重合的市场位置，争取同样的目标顾客，彼此在产品、价格、分销、供给等方面差别较小。

在世界饮料市场上，作为后起的“百事可乐”进入市场时，就采用过这种方式，“你是可乐，我也是可乐”，与“可口可乐”展开面对面的较量。实行迎头定位，企业必须做到知己知彼，应该了解市场上是否可以容纳两个或者两个以上的竞争者，自己是否拥有比竞争者更多的资源和能力，是不是可以比竞争对手做得更好。否则，迎头定位可能会成为一种非常危险的战术，将企业引入歧途。

3. 侧翼定位

侧翼定位即避实击虚，是与主要竞争对手适当拉开距离的定位。因企业的产品和市场营销策略等与主要竞争对手存在较大差距，故可避免与强大对手的正面竞争，从而赢得更大的生存、发展空间及宝贵的时间，它是许多中小企业常采用的市场定位策略。侧翼定位需要在市场中分化出能引起市场关注的新品牌，以及具备如何在进攻发起后扩大战果的能力。这与一名优秀的国际象棋大师所具备的技艺非常相似。

不过侧翼定位策略并不适用于所有情况，在定位时以竞争者为参照物通常基于以下理由：

① 竞争对手是市场领导者，实力雄厚，无法正面与之竞争。如上例中，美国赫兹公司占据整个汽车租赁市场份额的55%，“艾维斯”无法与之正面交锋。

② 竞争对手有可能已经树立了稳固的形象，依附竞争者，可以传递与之相关的信息。赫兹公司多年来已经在消费者心目中确立了汽车租赁市场龙头老大的形象，艾维斯公司自认老二，有利于确立其市场地位，并与排行第三的国民公司拉开距离。

③ 有时消费者并不在乎你的产品究竟如何，他们只关心你同某一特定竞争者相比怎么样。因为产品的价值和质量，消费者很难定量感知，因此适于采用侧翼定位。

3.4 市场营销组合

3.4.1 市场营销组合的含义及其发展

1. 市场营销组合的含义

市场营销组合是市场营销理论体系中的一个重要概念，它是指企业针对选定的目标市场综合运用各种可能的市场营销策略和手段，组合成一个系统化的整体策略，以达到企业的经营目标，并取得最佳的经济效益。按照营销组合理论，它把企业可控制的四个市场基本因素：产品（Product）、价格（Price）、分销渠道（Place）、促销（Promotion）进行有机地组合（简称为4P）。在4P中，每个P又包括许多因素，形成每个P的次组合。市场学家为了便于分析和应用，在每个P的许多变量中，选择了4个变量，组成了各个P的次组合。于是，整个市场营销因素均涵盖于这16个变量之中：产品——质量、品种、包装、品牌；价格——基价、折扣、付款时间、信贷条件；分销渠道——渠道、网点、储存、运输；促销——广告宣传、营业推广、人员推广、公共关系。

2. 市场营销组合的发展

与20世纪90年代相比，当今的市场营销环境发生了很大的变化，成功的市场营销正日益成为一种政治上的活动。当今，保护型的壁垒市场随处可见，要打开这种市场，除市场营销组合的4P以外，营销人员还必须加上另外2P：政治权力（Political Power）和公共关系（Public Relation）。科特勒将6P称为“大市场营销”。

随着大市场营销的实践，科特勒又进一步将其明晰为“战略营销计划”，以和传统的4P“战术性营销组合”区分开来，指出战略营销计划的过程必须先于战术性营销组合的制定。战略性营销计划也是一个4P过程，即探查（Probing）、分割（Partitioning）、优先（Priortizing）和定位（Positioning）。只有在搞好战略营销计划过程的基础上，战术性营销组合的制定才能顺利进行。这样市场营销组合就发展到10P。

3.4.2 市场营销组合的特点

1．可控性

企业可以自主地选择市场营销变量及其组合方案，如生产何物、如何定价、如何分销、如何促销，企业均可自行安排。然而，因企业的市场行为必然受自身条件及市场需求、市场竞争、政治法律等多方面的约束，故企业的经营决策必须一切从实际出发而不能随心所欲，如企业不能违法生产伪劣产品等。

2．可变性

企业可随内部及外界情况的变化而酌情调整市场营销变量及其组合方案。在 4P 中，价格和促销比较容易调整；产品和分销渠道调整的难度较大一些。

3．复合性

复合性又称为层次性，是指 4P 为一个大组合；每个 P 又是由若干市场营销变量复合而成的次级组合（又称子组合）。

4．整体性

企业在市场营销管理过程中不能孤立地应用或者单独调整某个市场营销变量，而是要综合应用和优化组合 4P。不仅 4P 之间要相互协调，还应与市场营销目标之间相互协调，并要动态地与环境的变化相吻合，以便在整体上实现市场营销管理和经济效益的最优化。

5．目标性

企业实施 4P 的出发点和目的，在于比竞争者更好和更有效地为目标市场服务，来赢得优势，实现市场营销目标。切忌随意性和盲目性。

3.4.3 制定市场营销组合策略

如何针对目标市场制定市场营销组合策略？企业应从识别目标顾客开始，把产品放在使用状态来进行研究。因此，企业要回答下列问题。

- 该细分市场中谁是购买者和使用者？
- 他们的需求是什么？
- 我们的产品应置于什么位置（将产品放在使用状态来考虑）？
- 他们对购买什么如何作出决策？
- 影响他们决策的因素有哪些？

在综合考虑上述问题后，企业根据自身在市场中所处的地位不同，从市场主导者、市场挑战者、市场追随者、市场补缺者的角度出发，可以选择以下的市场营销组合策略。

1．市场主导者

如果企业不但拥有相关产品最大的市场份额，而且在价格升降、新产品的导入、分销渠道及促销强度上都占据支配地位，那么这种地位也需要在动态竞争中不断地维护。面对实力渐强的挑战者，居于市场主导地位的企业可以适当采取一些防御措施以巩固自身优势。

① 阵地防御。企业集中所有资源来保护现有的产品和市场。

② 侧翼防御。通过建立侧翼阵地来保护空虚的领地并可用于反击。

③ 先发防御。一旦竞争者市场占有率达到某一危险值，企业就率先发起进攻或者对所有竞争者实施全面打击。

④ 反击防御。面对竞争者的削价、大规模促销、产品更新或抢占分销渠道等措施，主导企业可选择正面迎击或侧面迎击等反击策略。

2．市场挑战者

市场位置仅次于主导者，同样具有很强实力的企业，进攻性的策略可以帮助企业夺取行业领先的地位。

① 价格折扣。企业以较低的价格争夺顾客群。

② 产品革新。企业通过对产品的样式、特色进行创新来吸引更多的消费者。

③ 改进服务。企业不断提升服务标准以得到顾客的信赖。

④ 分销渠道革新。开发新的分销方式或者建立新的分销渠道。

⑤ 密集促销。企业通过推行大密度的广告和促销来引发竞争。

3．市场追随者

在钢铁、化工、建材等产品差异性小且价格敏感度强的行业，多数企业会选择维护相对稳定的竞争环境的策略。

① 紧紧跟随。企业在尽可能的细分市场上及相应的市场营销策略上仿效主导者。

② 有距离跟随。企业在市场营销组合如产品创新、定价以及分销渠道上跟随主导者并保持一定程度的差异。

③ 有选择的跟随。企业在跟随的同时有些方面保留自己的特色。

4．市场补缺者

行业中的小企业或某些大中企业内的小部门，通过开发被大企业忽略的某些细分市场求得生存和发展。

① 用户专业化。企业专门为某一类型的用户提供服务。

② 地理市场专业化。企业将经营范围限定于某一特定地区。

③ 产品或产品线专业化。企业只经营某一种或某一类产品。

④ 质量、价格专业化。企业只在市场的底层或顶层经营。

⑤ 销售渠道专业化。企业只使用少数销售渠道向顾客提供服务。

以上只是给出了一个大致方向，具体的实施方案还要结合本企业的实际情况，综合运用4P 理论。

本章小结

在市场营销理论中，市场细分、目标市场与市场定位都是企业市场营销战略的要素，被称为营销战略的 STP。企业有四个决策阶段：评估细分市场，选择目标市场，进行产品的市场定位，为每个目标市场设计市场营销组合。

市场细分是指企业根据消费者的购买行为与购买习惯的差异性，将某一特定产品的整体市场分割为若干消费群体，以选择和确定目标市场的活动。它运用的是求大同存小异的方法。市场细分不是对产品进行分类，而是对同种产品需求差异的分类。

目标市场就是通过市场细分后，企业准备以相应的产品和服务满足其需要的一个或几个子市场。企业所选择和确定的对象，即企业能够为之提供有效产品和服务的顾客群。其必要性是由消费者需求的多样性和企业资源的有限性决定的。

市场定位就是企业根据目标市场上同类产品的竞争状况，针对顾客对该类产品的某些特征或属性的重视程度，为本企业产品塑造强有力的与众不同的鲜明个性，并将其形象生动地传递给顾客，求得顾客的认同。

市场营销组合是指企业针对选定的目标市场综合运用各种可能的市场营销策略和手段，组合成一个系统化的整体策略，以达到企业的经营目标，并取得最佳的经济效益。对企业可控制的四个市场基本因素——产品、价格、分销渠道、促销进行有机的组合称为 4P 理论，它具有可控性、可变性、复合性、整体性、目标性的特点。从市场主导者、市场挑战者、市场追随者、市场补缺者的角度出发，可以选择多种市场营销组合策略。

习题 3

一、单项选择题

1．在产品生命周期的成熟期，宜实行（　　）。

A．差异性市场营销策略　　B．无差异性市场营销策略

C．集中性市场营销策略　　D．大数量市场营销策略

2．化妆品、钟表等产品的差异性大，属于异质产品，企业经营这些产品时适于选择的目标市场营销策略是（　　）。

A．无差异性市场营销策略　　B．差异性或集中性市场营销策略

C．刺激性市场营销策略　　D．同步性市场营销策略

3．避强定位策略的优势在于（　　）。

A．投资大，获利多　　B．能与竞争者抢占共同市场

C．风险小，成功率较高　　D．有利于标准化大规模生产

4．中小企业常用的市场定位策略是（　　）。

A．迎头定位　　B．避强定位　　C．侧翼定位　　D．重新定位

5．“劳力士”产品多属高价位，请众多国际影星为其拍广告，它所采用的市场定位策略是（　　）。

A．文化定位　　B．档次定位　　C．利益定位　　D．特色定位

二、判断题（正确的画“√”,错误的画“×”）

1．市场细分是由英国市场营销学家德温尔·斯密首先提出的一个新概念。（　　）

2．市场细分的标准越多，越有利于企业选择目标市场。（　　）

3．美容美发、化妆品、珠宝首饰、服装等许多行业，一般主要按年龄来细分市场。（　　）

4．目标市场就是通过市场细分后，企业准备以相应的产品和服务满足其需要的一个或几个子市场。（　　）

5．高度同质性的市场，或在产品市场寿命周期的初期先入市者独家经营等条件下宜采用差异性市场营

销策略。（ ）

6．一般资金雄厚、创新能力强及经营水平高的大企业多采用无差异性市场营销策略。（ ）

7．避强定位方式市场风险较小，成功率较高，常常为多数企业所采用。（ ）

8．购买者对产品的购买时间、数量、频率、习惯等标准属于心理因素变量。（ ）

9．市场营销组合是指企业针对选定的目标市场综合运用市场营销策略和手段，组合成一个系统化的整体策略，以达到企业的经营目标，获取最佳的经济效益。（ ）

10．在钢铁、化工、建材等行业，多数企业会选择市场补缺策略。（ ）

三、思考题

1．什么是市场细分？消费者市场细分的标准有哪些？

2．有效的市场细分的程序是什么？

3．什么是目标市场？三种目标市场营销策略各有什么特点？

4．选择目标市场营销策略时应考虑哪些基本因素？

5．什么是市场定位？如何选择市场定位策略？

6．什么是市场营销组合？在市场上处于不同地位的企业是如何制定市场营销组合策略的？

案例分析3——“狗不理”杭州失宠

当杭州南方大酒店创下日销包子一万个的新纪录时，杭州“狗不理”包子店却将楼下三分之二的营业面积出让给服装企业。尽管营业面积大大缩小，可杭州“狗不理”依然是“门前冷落车马稀”。

【案例分析】

杭州“狗不理”包子店是天津“狗不理”集团在杭州开设的分店，地处商业黄金地段，包子当然正宗。

“狗不理”以其鲜明的特色(薄皮、水馅、滋味鲜美，咬一口汁水横流)享誉神州，而“狗不理”在杭州受挫的原因恰恰就是它自身的鲜明特色：

① “狗不理”不合杭州市民的口味。这种包子馅比较油腻，而杭州市民大都喜欢清淡食物，因此很少有人将“狗不理”包子作为经常性快餐享用。

② “狗不理”不合杭州人的生活习惯。杭州市民把包子当作一种便捷的快餐来对待，为赶时间，往往边吃边赶路，即使不赶时间，也有边吃边逛街的习惯。而狗不理包子由于水馅、薄皮，咬则流汁，所以不能拿在手里吃，只能坐下来用筷子慢慢地吃。

【案例思考】

1．造成天津“狗不理”在杭州失宠的原因是什么？

2．一个企业为什么要进行市场定位？

3．如何对“狗不理”进行重新定位？

实训3

实战演习：帮助企业进行产品市场定位

主　　题：产品市场定位

目　　的：① 用理论指导实践，同时在实践中检验理论。

② 通过各种渠道搜集信息，培养学生养成良好的学习习惯，掌握良好的学习方法。

实施方案：① 教师和学生可以了解某些企业新产品的开发情况，或某些准备进入本地市场的产品情况，以确定定位对象。

② 让学生多方位地搜集并分析该企业、产品、主要竞争对手以及市场的有关信息，进行产品市场定位的实际策划（包括定位于哪些方面，采用何种定位策略等）。

③ 每位学生针对产品的定位情况，写一句产品的广告语用于宣传。

④ 将学生最后形成的最优方案（策划书）呈送企业，搜集反馈意见。

建　　议：① 由于学生的能力和时间有限，策划书的拟写可以由几个学生共同完成。

② 评比选出最优方案，由教师和学生共同参与，但应以学生意见为主，因为是检验学生运用知识的情况。

③ 根据情况，还可以让学生参与一些征集广告语的活动，这也需要学生灵活、正确地运用本章知识，从而进一步加强实战能力。

CHAPTER

4

第4章 市场调查与预测

知识要点

- 市场调查与预测的概念。
- 市场调查与市场预测的关系和区别。
- 市场调查的方法与技巧。
- 市场预测的方法。

能力要点

- 准确地理解市场调查和市场预测的概念。
- 掌握市场调查和市场预测的基本方法和技巧。

引例4

2008年中国台湾顶新食品公司打算将方便面进入大陆食品市场，但不知道大陆食品市场究竟需要哪种档次的方便面。当时大陆方便面食品厂已有上千家，竞争激烈。中国台湾顶新食品公司没有贸然投资，而是委托大陆市场调查机构进行方便面的需求调查。调查分两部分，一部分是消费者对方便面的需求情况；另一部分是生产者生产的品种、规格和口味情况。结果发现，消费者对方便面食品并不感兴趣，主要原因是口味较差，食用也并不方便。而且生产者生产的方便面大都是低档的，调料基本上都是味精、食盐和辣椒面等原料。根据这些情况，该公司大胆预测，大陆下一个方便面食品市场将是高档、注重口味、更为方便的产品。于是该公司在天津经济开发区投资500万美元，成立了顶益食品公司，生产高档方便面。结果一炮打响，尤其是碗式包装更受欢迎，人们食用方便面不再是一种权宜之计，而成为快餐食品中一种优先选择的品种。小小的方便面销售额竟达到70亿元。

成功的市场调查是企业市场营销活动的一项重点内容，那么什么是市场调查？该如何进行市场调查呢？

4.1 市场调查的内容

市场调查是随着商品经济的发展，逐步形成的一种了解市场、认识市场的重要经济活动。随着我国市场经济的逐步完善，市场竞争日益加剧，市场调查也就越发显得重要。

4.1.1 市场调查的含义及作用

市场调查是科学决策的依据。

1. 市场调查的含义

市场调查是运用科学方法，有目的地系统搜集、记录、整理和分析市场的信息资料，从而认识市场发展变化的现状和趋势，为市场预测、经营决策提供科学依据。这一定义包含了以下几层意思。其一，市场调查是一种有目的、有意识的认识市场的活动，有明确的目的性。其二，市场调查的具体对象是市场体系，即市场主体（如家庭、个人、政府、企业）、市场客体（消费品和生产要素）、市场媒体（货币、价格、信息）等。其三，市场调查需要借助一定的科学方法，包括观察法、访问法、实验法等。其四，市场调查是为企业的市场预测和经营决策服务的。市场调查是一种认识市场的手段，它最终是为企业的经营决策服务的。其五，市场调查的任务是搜集和记录市场信息。

2. 市场调查的作用

（1）市场调查是企业经营决策的重要依据

经营决策贯穿于企业的整个市场营销活动中。如企业要不要开发新产品，开发什么新产品，产品如何扩大销量，选择什么样的促销形式，产品如何定价等，都需要企业经营管理者作出决策。而经营决策要正确，需要掌握大量的市场信息资料。没有大量的第一手市场信息资料作为依据，企业的经营决策就是盲目的，就可能作出错误的决策。而市场调查是获取第一手市场信息资料的主要途径。从这个意义上说，市场调查是企业经营决策的重要依据。企业经营决策的正确与否，直接关系到整个企业的生存和发展，而市场调查是企业进行经营决策的前提条件和基础。

（2）市场调查是提高企业竞争力的重要保证

一个企业竞争力的大小，在很大程度上取决于其产品的市场占有率。一个企业只有不断生产、销售适销对路的产品，才会受到消费者和用户的欢迎，才能获得较高的市场占有率。当前，市场供求关系已由卖方市场转向买方市场，商品销售已成为企业存亡、兴衰的关键。在这样的市场条件下，企业仍抱着旧的经营观念，即认为产品质量好、价格合理就不愁没有市场，则迟早会被激烈的市场竞争所淘汰。只有通过科学的市场调查，真正了解消费者的各种需求及潜在需要，了解不同顾客群需求上的差异，不断开发、生产和销售消费者真正需要的产品，企业才能生存与发展下去，才能提高企业的市场竞争力。

总而言之，企业要提高产品的竞争力，扩大产品在市场上的销量，产品质优价廉固然重要，但更重要的是商品要适销对路。而要做到这一点，就必须依靠市场调查。

（3）市场调查是提高企业经济效益的重要前提

在商品的生产和流通过程中，市场不断出现新情况、新变化、新趋势，企业如果不掌握市场变化，就不能在经营过程中掌握主动权。只有通过市场调查，掌握市场动向，才能从实际出发，制订正确的市场营销计划和市场营销策略，掌握经营的主动权，从而提高企业的经济效益。例如，企业在市场调查中，通过对产品销售数量的多少与增长变化趋势，以及产品普及率的分析，可判断出产品的市场寿命周期，从而可根据其寿命周期的不同阶段制订不同的市场营销计划和策略，促进产品的更新换代。同时，企业在市场调查中，还可以了解产品的使用情况，搜集消费者或客户对产品的反馈意见。认真分析这些信息，既为改进产品性能和提高产品质量提供依据，也为开发新产品提供思路。

4.1.2 市场调查的程序

市场调查是一项涉及面广且比较复杂的认识活动。要顺利地进行市场调查，确保调查质量达到预期目标，必须科学安排市场调查过程中的各项工作。

1．明确市场调查的任务

明确市场调查的任务是整个市场调查工作的起点。明确市场调查的任务，主要明确为什么要进行此项调查；通过调查要获取哪些市场信息、资料，调查结果有何用途。提出问题，是明确市场调查任务的前提。一般情况下企业的问题主要涉及以下两个方面。

（1）企业未来的发展方向

企业进一步发展需要更深层次地了解市场的规模和结构，如有关新产品的开发问题，新产品的需求量、市场潜力和发展前景等情况。

（2）企业生产与经营中遇到的困难

企业在生产与经营过程中，会遇到这样或那样的困难，如销售不畅造成产品积压、资金呆滞、市场占有率下降等，企业需要找出产生问题的原因和解决问题的方法。

企业存在的问题被提出后，就有了一个大致的调查范围或方向。如果提出的问题比较笼统，就必须对问题进行分析，找出具体问题。

2．制定市场调查的方案

在市场调查的任务明确后，接下去是围绕市场调查的任务制定市场调查的具体方案。它是市场调查过程中最复杂的工作。市场调查方案的制定是对调查工作各个方面和全部过程的通盘考虑，包括整个调查工作过程的全部内容。市场调查方案主要包括下列几方面的内容。

（1）确定调查目的和调查项目

确定调查目的是制定市场调查方案的首要问题。调查目的也称调查任务，就是企业市场调查所要达到的具体目标。确定调查目的，就是明确在调查中要解决哪些问题，通过调查要获得哪些资料。

（2）确定调查对象

确定调查对象主要是为了解决向谁调查和由谁来具体提供资料的问题。调查对象就是根据调查目的、任务确定调查范围以及所要调查的总体，它是由某些性质上相同的调查单位所组成的。

（3）确定调查方式和方法

调查方式和方法主要包括方案调查法和实地调查法。一般来说，二手资料的获得，可以采取方案调查法；一手资料的获得，可以采取实地调查法。

（4）确定调查人员

在确定调查人员中，主要还是确定参加市场调查人员的条件和人数，包括对调查人员的必要培训。

由于调查对象是社会各阶层的生产者和消费者，思想认识、文化水平差异较大，因此，要求市场调查人员必须具备一定的思想水平、工作能力和业务技术水平。具体地讲，要求市场调查人员应具备一定的文化基础知识，能正确理解调查提纲、表格、问卷内容，能比较准确地记录调查对象反映出来的实际情况和内容。

3．具体实施调查方案，进行实地调查

具体实施市场调查的方案，就是按照调查方案的要求去搜集市场信息资料，也就是进入实地调查过程。在整个市场调查工作中，搜集市场信息资料阶段是唯一的现场实施阶段，是获得市场第一手资料的关键阶段。在此阶段，市场调查的组织者必须集中精力做好外部协调工作和内部指导工作，力求以最少的人力、在最短的时间、以最好的质量完成搜集市场信息资料的任务。

4．整理资料，撰写市场调查报告

（1）整理资料

整理资料就是运用科学方法，对调查资料进行审核、分类和分析，使之系统化、条理化，并以简明的方式准确反映所调查问题的真实情况。

审核就是对所搜集到的资料进行检验、检查，验证各种资料是否真实可靠、合乎要求，剔除调查中取得的不符合实际的资料。具体做法是：首先，检查调查资料的真实性和准确程度。真实性检验既可以根据以往的实践经验对调查资料进行判断，还可以通过各种数字运算来进行检查，如检验各分组数字之和是否等于总数。其次，要检查所搜集到的资料是否齐全，有无重复或遗漏。图 4-1 是调查者在武汉市居民住房户型需求调查中得到的数据。

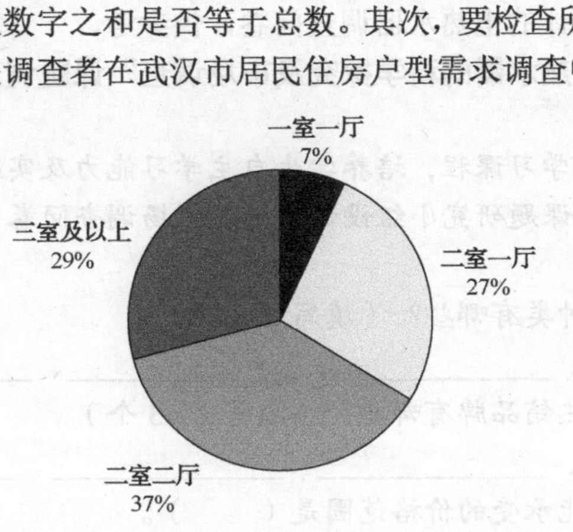

图 4-1　武汉市居民住房户型需求数据

从图 4-1 可以看出，二室和三室在居民住房户型的需求中所占的比重最大，所以商家更加热衷于开发二室和三室的户型，究其原因，市场的需求直接主导其供应。

（2）撰写市场调查报告

市场调查报告是市场调查研究成果的集中体现。市场调查报告要根据调查任务、目的和所搜集到的市场信息资料，经过分析、研究，得出判断性结论，提出建设性的措施、意见，使调查报告在企业生产、市场营销工作中起到指导性的作用。

4.2 市场调查的方法

任何市场调查都要借助一定的调查方法。所谓市场调查方法，是指市场调查者在实际调查过程中搜集各种市场信息资料时所采用的各种方法的统称。市场调查中经常采用的方法有：实地调查法、网络调查法、抽样调查法、文案调查法。

4.2.1 市场调查的具体方法

1. 实地调查法

实地调查法是最常用的市场调查方法，主要包括询问调查法、观察调查法、实验调查法等。在进行调查时，科学地设计调查表，有效地运用个人访问技巧是此方法成功的关键。

调查表反映企业决策的思想，它是本企业市场营销部门最关心且最容易得到重要信息的来源之一。因此要想作好市场调查，就必须设计好调查表。

设计调查表应注意以下事项：一是问题要短，因为较长的问题容易被调查者混淆。二是调查表上每一个问题只能包含一项内容。三是问题中不要使用太专业的术语，因为一般的消费者不理解这些专业术语。四是问题答案不宜过多，问题的含义不能模棱两可。一个问题只代表一件事，只有一个答案。五是注意提问的方式。有时采用间接方式反而会得到更好的答案。例如，最近房地产公司为了销售某一处商品房作了不少广告，调查员想知道、想了解这些广告效果时，与其直接询问被调查者的看法如何，还不如用迂回的方式去了解他们有多少人知道该处的房产情况。

以下是为某校学生设计的电热水器调查问卷，供参考。

"电热水器的科学探究及市场调查"课题调查问卷

各位先生、女士：

为了落实我校研究性学习课程，培养学生自主学习能力及实践创新能力，我们"电热水器科学探究及市场调查"课题研究小组设计了一份市场调查问卷，请您根据实际情况填写，谢谢合作！

① 常见电热水器的种类有哪些？（填写2～3个）

______________、______________、______________、______________。

② 常见的电热水器热销品牌有哪些？（填写2～3个）

______________、______________、______________、______________。

③ 您购买电热水器能承受的价格范围是（　　）。

A. 800元以下　　B. 800～999元　　C.1000～1500元　　D. 1500元以上

④ 如果您已购买了电热水器，若再次购买，会选择哪种品牌的电热水器？（填写1～2种）______________、______________。

⑤ 您对电热水器功能的认识是（　　）。

A. 越多越好　　　B. 实用为宜　　　C. 操作要方便　　　D. 功能要先进

⑥ 您购买电热水器主要依据是（　　）。

A. 功能要齐全　　B. 内胆质量要好　C. 价格要低　　　　D. 售后服务要好

各种调查方法，均有优点和缺点。

在实践中，观察调查法在以下几个方面运用得比较广泛。

① 商品资源观察。有经验的市场调查人员可通过观察了解工农业生产状况，判断商品资源情况，撰写市场商品供求数量的报告。如通过观察农作物（包括粮食作物、蔬菜、水果等）的田间生长情况和气候变化情况，判断农作物的产量，从而撰写农副产品资源数量报告。

② 营业现场观察。商业企业营业现场既是顾客选购商品，又是售货员出售商品、提供服务的场所。通过营业现场观察，可以了解到多方面的资料信息。

通过观察售货员接待顾客的服务方式、接待频率、成交率等，掌握吸引顾客的最佳服务方式。

③ 商品库存观察。通过对库存场所的观察，了解库存商品的盘点计数以及商品进出口种类和频率的记录，判断商品的分类结构和商品的储存条件，计算储存成本，为确定合理的库存结构提供依据。

2．实验调查法

实验调查法是指在市场调查中，通过实验对比来取得市场情况第一手资料的调查方法。它是由市场调查人员在给定的条件下，对市场经济活动的某些内容及其变化加以实际验证，以此衡量其影响效果的方法。

实验调查法是从自然科学中的实验求证理论移植到市场调查中来的，但是对市场上的各种发展因素进行实验，不可能像自然科学中的实验一样准确。例如，在实验期间，社会再生产过程中生产、分配、交换、消费等任何因素的变化，都会不同程度地反映到市场上来，从而影响到实验的效果。尽管如此，通过实验调查法取得的市场情况第一手资料，对预测未来市场的发展还是有很大帮助的。

一般来讲，改变商品品质、商品包装，调整商品价格，推出新产品，改变广告形式、内容和商品陈列情况等，都可以采用实验调查法来测试其效果。

案例：美国一家咖啡店准备改进咖啡杯的设计，为此进行了市场实验。首先，他们进行咖啡杯选型调查，他们设计了多种咖啡杯子，让500个家庭主妇进行观摩评选，研究主妇们用干手拿杯子时，哪种形状好；用湿手拿杯子时，哪一种不易滑落。调查研究结果，选用四方长腰果型杯子。然后对产品名称、图案等，也同样进行造型调查。接着他们利用各种颜色会使人产生不同感觉的特点，通过调查实验，选择了颜色最合适的咖啡杯子。他们的方法是，首先请了30多人，让他们每人各喝4杯相同浓度的咖啡，但是咖啡杯的颜色，则分别为咖啡色、青色、黄色和红色4种。试饮的结果，使用咖啡色杯子的人都认为“太浓了”的占2/3，使用青色杯子的人都异口同声地说“太淡了”，使用黄色杯子的人都说“不浓，正好。”而使用红色杯子的10人中，竟有9个说“太浓了”。根据这一调查，公司咖啡店里的杯子以后一律改用红色杯子。该店借助于颜色，既可以节约咖啡原料，又能使绝大多数顾客感到满意。结果这种咖啡杯投入市场后，与市场上的其他公司的产品展开激烈竞争，以销售量比对方多两倍的优势取得了胜利。

3. 网络调查法

案例：澳大利亚某出版公司的网络问路

澳大利亚某出版公司计划向亚洲推出一本畅销书，但是不能确定用哪一种语言、在哪一个国家推出。后来决定在一家著名的网站做一下市场调查。方法是请人将这本书的精彩章节和片断翻译成多种亚洲语言，然后刊载在网上，看一看究竟用哪一种语言翻译的摘要内容最受欢迎。过了一段时间，他们发现，网络用户访问最多的网页是使用中文的简化汉字和朝鲜文字翻译的摘要内容。于是他们跟踪一些留有电子邮件地址的读者网上请他们谈谈对这部书的摘要的反馈意见，结果大受称赞。于是该出版公司决定在中国和韩国推出这本书。书出版后，受到了读者普遍欢迎，获得了可观的经济效益。

（1）网络调查法的含义

网络调查法也叫网上调查法，是指企业利用互联网了解和掌握市场信息的方式。与传统的调查方法相比，在组织实施、信息采集、调查效果方面具有明显的优势。

网络调查法是通过互联网、计算机通信和数字交互式媒体，按照事先已知的被调查者的E-mail地址发出问卷搜集信息的调查方法。网络调查的大规模发展源于20世纪90年代。网络调查具有自愿性、定向性、及时性、互动性、经济性与匿名性。

（2）网络调查的优点、缺点

网络调查的优点：组织简单，费用低廉，客观性好，不受时空与地域限制，速度快。

网络调查的缺点：网民的代表性存在不准确性，网络的安全性不容忽视，受访对象难以限制。

网络调查法是一种新兴的调查方法，它的出现是对传统调查方法的一个补充，随着我国互联网事业的进一步发展，网上调查将会被更广泛地应用。

（3）网络调查法的分类

根据调查方法的不同：网络调查可分为网上问卷调查法、网上讨论法等。

① 网上问卷调查法。网上问卷调查法是在网上发布问卷，被调查对象通过网络填写问卷，完成调查。根据所采用的技术，网上问卷调查一般有两种。一种是站点法，即将问卷放在网络站点上，由访问者自愿填写。另一种是用E-mail将问卷发送给被调查者，被调查者收到问卷后，填写问卷，点击“提交”，问卷答案则回到指定的邮箱。被调查者在填写问卷时甚至不用上网：他们可以将电子邮件下载下来，在发送结果时上线提交即可。电子邮件调查有局限性：问卷的交互性很差，并且数据的处理会很麻烦，每份问卷的答案都是以邮件形式发回，必须重新导入数据库进行处理。这种网上问卷调查法是最常用的方法，它比较客观、直接，但不能对某些问题作深入的调查和分析。

② 网上讨论法。网上讨论法可通过多种途径实现，如BBS、ICQ、newsgroup、网络实时交谈（IRC）、网络会议（Netmeeting）等。主持人在相应的讨论组中发布调查项目，请被调查者参与讨论，发布各自观点和意见。或是将分散在不同地域的被调查者通过互联网视讯会议功能虚拟地组织起来，在主持人的引导下进行讨论。网上讨论法是小组讨论法在互联网上的应用。它的结果需要加以总结和分析，对信息收集和数据处理的模式设计要求很高，难度较大。

4. 抽样调查法

抽样调查法是指从研究对象的全部单位中抽取一部分单位进行考察和分析，并用这部分单位的数量特征去推断总体的数量特征的一种调查方法。其中，被研究对象的全部单位称为“总体”；从总体中抽取出来实际进行调查研究的那部分对象所构成的群体称为“样本”。在抽样调查中，样本数的确定是一个关键问题。抽样的方式，有随机抽样和非随机抽样两大类。

抽样调查法可以分为以下几类。

（1）简单随机抽样法

简单随机抽样法是一种最简单的一步抽样法，它是从总体中选择出抽样单位，从总体中抽取的每个可能样本均有同等被抽中的概率。抽样时，处于抽样总体中的抽样单位被编排成 $1\sim n$ 编码，然后利用随机数码表或专用的计算机程序确定处于 $1\sim n$ 的随机数码，那些在总体中与随机数码吻合的单位便成为随机抽样的样本。这种抽样方法简单，误差分析较容易，但是需要样本容量较多，适用于个体之间差异较小的情况。

（2）系统抽样法

系统抽样法又称顺序抽样法，是从随机点开始在总体中按照一定的间隔（即“每隔第几”的方式）抽取样本。此法的优点是抽样样本分布比较好，总体估计值容易计算。

（3）分层抽样法

分层抽样法是根据某些特定的特征，将总体分为同质、不相互重叠的若干层，再从各层中独立抽取样本，是一种不等概率抽样。分层抽样利用辅助信息分层，各层内应该同质，各层间差异尽可能大。这样的分层抽样能够提高样本的代表性、总体估计值的精度和抽样方案的效率，抽样的操作、管理比较方便。但是抽样手续较复杂，费用较高，误差分析也较为复杂。此法适用于母体复杂、个体之间差异较大、数量较多的情况。

（4）整群抽样法

整群抽样法是先将总体单元分群，可以按照自然分群或按照需要分群，在交通调查中可以按照地理特征进行分群，随机选择群体作为抽样样本，调查样本群中的所有单元。整群抽样样本比较集中，可以降低调查费用。例如，在进行居民出行调查中，可以采用这种方法，以住宅区的不同将住户分群，然后随机选择群体作为抽取的样本。此法优点是组织简单，缺点是样本代表性差。

调查法的主要优点是：

① 抽样调查可以减少调查的工作量，调查内容可以求多、求全或求专，可以保证调查对象的完整性。

② 可以从数量上以部分推算总体，利用概率论和数理统计原理，以一定的概率推算结果的可靠程度，起到全面认识调查总体的功能，可以保证调查的精度。

③ 因为抽样调查是针对总体中的一部分单位进行的，抽样调查可以大大减少调查费用，提高调查效率。

④ 搜集、整理数据、综合样本的速度快，保证调查的时效性。

抽样调查法的主要缺点是结果和真实值之间存在差异，即误差。

5. 文案调查法

（1）文案调查法的概念和特点

文案调查法是指调查人员从各种文献、档案材料搜集有关历史和现实的各种市场经济活动资料的调查方法。文案调查法的调查对象是各种文献、档案中包含的信息资料。文献档案资料一般指图书、期刊、报纸、调查报告、政府文件等，也包括网络信息资料。

文案调查法最突出特点是间接性。询问调查法、观察调查法、实验调查法的直接对象是消费者和用户，而文案调查法的直接对象不是消费者、用户，而是文献档案材料，是间接的第二手的市场资料。正因为如此，文案调查法也称为间接资料调查法，询问调查法、观察调查法、实验调查法属于直接资料调查法。文案调查法的另一个特点是无接触性，即它不直接接触被调查者，在调查过程中不存在与被调查者的人际关系。

（2）文案调查中资料的来源

文案调查中资料的来源可分内部资料来源和外部资料来源两个方面，其中外部资料来源是主要的。

① 外部资料是指企业之外的机构、团体、媒介等所提供的资料。

② 内部资料是指企业内部各部门、机构保存的各种经营活动的资料。

（3）文案资料获取的方法

文案资料的获取通常采用如下方法：有偿购买、索取、企业查找、交换。

（4）文案调查法的优、缺点

文案调查法的优点是调查人员只需花费较少的费用和时间就可以获得有用的信息资料。同时，文案调查法可以不受时间和空间的限制，通过文献档案资料的搜集和分析，不仅可以获得有价值的历史资料，还可以搜集到比直接调查范围更为广泛的多方面资料。资料都是书面形式的，不受调查人员和被调查者主观因素的干扰，反映的信息内容更为真实、客观。

案例：日本某公司为了使产品能打入美国市场，就专门查阅了美国的有关法律和美国进出口贸易的法律条款。查阅后得知，美国为了限制进口、保护本国工业，在进出口贸易法律条款中规定：美国政府收到外国公司商品报价单，一律无条件地提高50%。而在美国法律中，本国商品的定义是“一件商品，美国制造的零件所含的价值，必须在这一商品总价值的50%以上。”这家日本公司针对这些规定，想出一条对策：生产一种具有20种零件的商品，在本国生产19种零件，在美国市场上购买一种零件，这一零件的价值最高，其价值比率在50%以上，在日本组装后再送到美国销售，就成了美国国内的商品，就可以直接和美国公司竞争。

4.2.2 市场调查的策略和技巧

市场调查的策略和技巧有很多，着重介绍两种常见技巧。

1. 市场调查中的访问技巧

为了适应市场的变化，企业越来越重视市场调查工作。市场调查的方法很多，其中以访问调查、面谈调查应用最广，如入户访问、街上拦截访问等。在访问调查中，访问员是一个颇为重要的角色，他们的穿着、语气、表情、询问方式等都关系到调查能否顺利进行，因此必须掌握一定的技巧。访问调查包括以下几个阶段。

（1）获得合作

访问员的首要任务是获得被访者的合作，而访问员面对的是不同阶层、不同年龄的被访者，他们并不认识访问员，因此，访问员仪表端庄、用语得体、口齿伶俐、态度谦和、给人以亲切感，才能使被访问人员较易放心地接受访问。

自我介绍乃访问开始时的重要步骤之一，访问员应使被访者感到他（她）是可信的，以下是一个自我介绍的例子：

"您好！我叫×××，是××中专的学生，我们正在进行一项有关消费品的研究，而贵住户被抽为代表之一，我需占用您一些时间，向您了解有关问题的看法，希望给予合作。"

通过给出姓名，访问显得更具私人性；访问人员也可带着介绍信或有关证件，出示介绍信或证件表明研究是真实的，不是推销产品；使用大学（或市场调研公司）的名字，对被访者来讲，也意味着访问是可信的。

如果访问备有礼品，在访问开始时，访问人员可以委婉地暗示："我们将耽误您一点时间，届时备有小礼品或纪念品以示谢意，希望得到您的配合。"但切不可过分渲染礼品，以免让他（她）觉得难堪，有贪小便宜之嫌，反而拒绝接受访问。或者为了获取礼品，来迎合访问，尽说好话，从而影响到访问的实际效果。

（2）询问问题

访问调查，向被调查者询问问题是必不可少的，而访问人员掌握询问问题的技巧是非常重要的，因为这方面的偏差是访问调查误差的一个重要来源。

询问问题的主要技巧有：

① 用问卷中的用词来询问。

② 慢慢地读出每个问题。

③ 按照问卷中问题的次序发问。

④ 详细地询问问卷中的每个问题。

⑤ 重复容易被误解的问题。

如果被访问者不理解问题中的一些概念，他们通常会要求予以澄清，如果访问指导上没有要求作出特别的解释，访问人员不得随意解释。但有时访问人员用自己的理解随便作出解释，有可能造成访问偏差，因为每个访问人员的解释可能并不一样，建议访问人员采用的方法是重复问题或回答"正如您想的那样好了"。

（3）适当追问

追问是进行开放性问题调查的一种常用技术，开放性问题对访问人员来讲具有更大的难度，但开放性问题可以让被访问者充分发表意见，使调查获取更多的信息。

追问可以分为两类，一类是勘探性追问，另一类是明确性追问，即澄清。前者是在被访问者已经回答的基础上，进一步挖掘、询问问题的方法，目的在于引出被访问者对有关问题的进一步阐述；后者是让被访问者对已回答的内容作进一步详细的解释，目的在于进一步明确被访问者给出的答案，下面是两个追问的例子。

问：您为什么喜欢这种电动工具呢？

第一次回答：外观漂亮。

追问：除此之外，您还喜欢什么呢？

第二次回答：手感好。

追问：还有吗?

第三次回答：没有了。

追问的目的是鼓励被访问者积极回答，这些追问应当是中性的，不应当有任何提示或诱导。

2. 问卷设计的技巧

要使调查问卷达到其搜集信息的目的，应该让被访问者轻松理解问句的意思、愿意如实地回答，并提供确切的信息。因此，问卷设计的技巧就尤为重要。

谁都不会否认，向幼儿园小朋友询问应该区别于向成年人询问，不仅问句的结构要简单，而且用词也要尽可能简单化。同样的道理，市场调查中所涉及的每个被访问者也各不相同，无论是文化、道德、修养，还是职业和生活习惯都不一样，有时甚至差别很大。

在作问卷调查时，会遇到许多难题，需要调研人员加以克服，这些难题体现在以下几个方面。

① 被访问者不理解或误解了问句的意思，无法回答或所答非所问。

② 被访问者不愿回答或不愿真实回答。

③ 被访问者记不清确切的信息。

④ 被访问者判定不了或说不出确切的信息。

⑤ 被访问者没有能力回答。

要克服这些难题，调查问卷的设计人员在积累实际经验的同时，掌握构造问句的原则和设计问句的技巧也是十分重要的。

4.3 市场预测的含义和类型

4.3.1 市场预测的含义

1. 预测

根据过去和现在去推测未来，由已知推测未知。预测不是臆测，是运用各种知识和科学手段，分析研究历史与现实资料，经过科学思维将现有认识延伸到未来，对所关心事物的发展趋势或可能结果进行事先的推测和估计。

2. 市场预测

市场预测是在进行市场调研掌握市场信息的基础上，运用科学的预测方法，对市场发展的未来趋势进行分析、预计、测算和判断，得出符合逻辑的结论的活动和过程。

3. 市场预测的必要性

企业的生产经营活动能否连续不断地进行并取得预期的经济效果，主要取决于产品在市场上销售的顺利程度。销售顺畅迅速，不仅可以加速资金周转，降低流通费用，提高经济效益，而且有助于增强企业的竞争能力。而产品销售顺畅的前提条件是产品试销对路，即符合市场需要。这就要求企业加强市场预测，通过预测了解市场需求的动态变化，根据需求变动及时调整生产经营方向，向市场提供适销对路的商品。通过科学的市场预测，可以及时捕捉消费需求变化的信息，了解消费需求的构成状况及差异，运用有关预测方法、手段对消费需求的发展状态作出正确判断，指导生产按消费需求的变化不断进行调整。

4.3.2　市场预测的类型

依据不同的标准、角度来进行分类，市场预测有以下类型。

1. 按预测的时间长短不同划分

（1）短期预测

短期预测的时间期限一般在一个季度内。如预测下个月冷饮的销售量。它主要为企业日常的生产经营计划服务，讲究预测的时效性。

（2）近期预测

近期预测的时间期限一般在一年内。如预测明年××产品的市场需求量。它为企业制订年度生产或经营计划服务，为采购原材料等生产要素、组织货源提供依据。

（3）中期预测

中期预测的时间期限一般在一年以上，五年以内。它为企业制订中期发展规划提供依据。

（4）长期预测

长期预测的时间期限在五年以上。它是为企业发展的长远规划提供依据。

2. 按预测的经济活动范围不同划分

（1）宏观市场预测

宏观市场预测是对整个国民经济发展前景和整个社会经济活动趋势的预测。宏观市场预测的主要内容有：国民生产总值及其增长态势、物价总水平及其变动、商品零售总额、商品需求总量、基本建设投资规模及其增长、新技术及新产品发展动向、消费结构变化等。宏观市场预测还包括世界范围的市场动态、商品结构、进出口贸易行情、国际金融市场对国际贸易的影响趋势等。宏观市场预测的直接目标是商品的全国性市场容量及其趋势变化，商品的国际市场份额及其变化。

（2）微观市场预测

微观市场预测主要是指企业对产品的市场需求量、销售量、市场占有率等内容的预测。微观市场预测的内容比较具体、细致，对指导企业的生产、经营活动有直接的影响和作用。

3. 按商品的层次和用途不同划分

（1）单项商品预测

单项商品预测是对某种品牌、规格、花色、款式等具体商品的市场需求或销售量的预测。比如，对25寸（1寸=0.033米）彩色电视机各种品牌的需求预测。单项商品预测是十分具体细微的。

（2）同类商品预测

同类商品预测是对某一类别商品的市场需求量或销售量的预测。大的类别有生产资料的预测与生活资料的预测。每一类别又可分为较小的类别层次，如生活资料的预测可分为食品类、衣着类、日用品类、家电类等。按不同的用途与等级，上述各类生活资料还可分为更具体的类别层次，如家电类可分为电视机类、音响类、电冰箱类、微波炉类等。

（3）对象性商品预测

对象性商品预测是对某一类消费群体所需商品的需求量或销售量的预测。如对儿童玩具等需求的预测。又如，按消费者年龄、性别等不同，分为青年服装市场预测、女性服装市场预测等。

4．按预测的标志不同划分

（1）定性市场预测

定性市场预测是对市场有关事物未来发展变化的方向、态势的预测，它侧重于对事物未来变化的性质进行推测、估计，不在于揭示数量。例如，预测到今年××地区的啤酒市场将供大于求，这就是定性市场预测。

（2）定量市场预测

定量市场预测是对市场有关事物未来变化的规模、水平、速度、比例等数量方面进行推测、估计。例如，预测到今年××地区的啤酒市场供给超过需求达30%。

定性市场预测和定量市场预测的区分不是绝对的。两者相互联系，定性市场预测是定量市场预测的前提，定量市场预测是定性市场预测的补充和深化。

此外，按预测的空间范围不同，分为全国性市场预测、地区性市场预测和本地市场预测等。

4.4 市场预测的原则

市场预测的原则是市场预测活动的指导思想，它阐明了人们为什么通过各种预测方法能够对市场未来的发展变化作出估计和推测，而且这种预测有一定的科学性。

1．连续性原则

连续性原则是指市场的现象和事物发展具有一定的延续性，未来的市场需求状况是由过去发展至今天的现状下发展起来的，是今天的延续和发展，因此可以根据市场的过去和现在，预测市场的未来。市场预测之所以贯穿了连续性原则，这是因为，一切社会经济现象都有它的过去、现在和未来。没有一种事物的发展会与其过去的行为没有联系，过去的行为不仅影响现在，还会影响未来。换言之，一切社会经济现象的存在和发展具有连续性。

2．类推原则

类推原则是指许多事物相互之间在发展变化上常有类似之处。利用预测对象与其他事物的发展变化在时间上有前后不同，但在表现上有类似之处的特点，人们有可能根据已知事物的基本类似的结构和发展模式，通过类推的方法对后发展事物的前景作出预测。例如，世界许多国家在人均国民生产总值达1 000美元后，汽车、住宅成为人们的消费热点。根据这一经济发展规律可以预测，我国在人均国民生产总值达 1 000 美元后，汽车和住宅将成为我国今后一段时期的消费热点。

3. 相关原则

相关原则是指市场中许多现象和事物是彼此关联的，利用这种关联可以进行市场预测。例如，婴儿食品的需求和婴儿的人数有很强的关联性，若掌握了未来婴儿出生的数量，就可预测婴儿食品的需求量，这就是市场预测的相关性原则。相关性原则体现了唯物辩证法因果关系的观点。

4.5 市场预测的一般程序

市场预测是在市场调查的基础上，确定预测目标，搜集资料，分析、判断并选择预测方法，建立预测模型，得出预测结论的复杂过程。

1. 确定预测目标

确定预测目标是进行市场预测首先要解决的问题，要完成一项市场预测，首先要明确预测的目的是什么，预测的对象是什么。只有预测目标明确，才能根据预测目标，有意识地去搜集各种资料，采用预测方法去进行预测。

确定预测目标，就是要明确预测的目的和要求。确定了预测目标，整个市场预测工作就有了明确的方向和内容。例如，某地区为制定小轿车生产行业的长远规划，开展了该地区 2011 年家庭小轿车需求的预测。该项预测目标明确，预测对象是小轿车，预测项目涉及居民家庭小轿车的需求量预测、影响居民小轿车需求的各种因素的预测。该项预测属于长期的市场预测。

2. 搜集资料

科学的市场预测，必须建立在掌握充分的市场资料的基础上。预测目标确定后，要围绕预测目标，广泛搜集各种历史和现实资料。围绕市场预测的目标，搜集市场资料，要力求资料的完整性、可靠性、准确性和适用性。

现实资料是指当前正在发生的有关经济和社会活动的各种资料。它主要通过实地调查方法，如对消费者的口头访问或问卷调查、观察调查来获得。通过对现实资料的分析、研究，可以了解预测对象的现实状况。

3. 分析、判断

分析、判断是指对搜集的历史资料和现实资料进行综合分析，对市场未来的发展变化趋势作出判断，为选择预测方法，建立预测模型提供依据。

4. 选择预测方法，建立预测模型

市场预测要依赖预测方法。根据预测目标，在对有关资料进行分析、判断后，就要选择预测方法。预测方法的选择是否适当，将直接影响预测结果的可靠性。预测方法有很多，大体上可分为定性预测法和定量预测法两大类。根据所用的预测方法建立数学模型，以表征预测目标同各影响因素之间的关系，进而用数学方法确定预测值。

4.6 市场预测方法

市场预测方法多达百种以上，按预测方法的性质、作用不同，可以分为定性预测方法和定量预测方法。

4.6.1 定性预测方法

定性预测方法是指预测者通过市场调查掌握有关资料，依靠个人实践经验、知识和分析能力，对市场未来变化的趋势、性质作出判断，再以判断为依据进行量的测算。定性预测方法也叫判断分析预测法。定性预测方法的应用，主要取决于预测者掌握的实际资料以及个人的知识、经验和分析、判断能力。

4.6.2 定量预测方法

定量预测方法是指预测者在掌握比较充分的资料基础上，运用数学知识和方法，对市场未来的变化趋势进行数量估计和测算。定量预测方法有两个特点：其一是依靠历史资料数据，重视数据的作用和定量分析。其二是要建立一定的数学模型，作为定量预测的工具。

定量预测方法是将数学统计知识与市场预测实践相结合而形成发展起来的。定量预测方法分为时间序列分析预测法和因果关系分析预测法。

本章小结

市场调查，是运用科学方法，有目的地系统搜集、记录、 整理和分析市场信息资料，从而认识市场发展变化的现状和趋势，为市场预测、经营决策提供科学依据。市场调查是企业经营决策的重要依据。市场调查的程序：明确市场调查的任务，制定市场调查的方案，具体实施调查方案，进行实地调查，整理调查资料，撰写调查报告。市场调查中经常采用的方法有：实地调查法、网络调查法、抽样调查法、文案调查法等。

市场预测，是指在掌握市场信息的基础上，运用科学的理论和方法，对市场有关因素未来发展变化趋势及其可能的水平进行估计和测算，为企业经营决策服务。

市场预测的一般程序：确定预测目标，搜集资料，分析、判断，选择预测方法，建立预测模型，得出预测结论。市场预测方法多达百种以上，按预测方法的性质、作用不同，可以分为定性预测方法和定量预测方法。

习题 4

1．市场调查有何重要作用？

2．市场调查的策略与技巧有哪些？

3．市场调查的一般程序有哪些？

案例分析 4——向洋葱认输

麦当劳是世界上最大的快餐连锁店，2009 年 10 月 31 日午夜，麦当劳在冰岛结束这一天营业的同时，也结束了在冰岛长达 16 年的营业史，全面退出了冰岛市场。

麦当劳总部对此发布声明说，在冰岛开展业务是一项非常大的挑战。然而与此同时，麦当劳在冰岛的总经销商欧曼德森却表示，麦当劳在冰岛的生意一直十分兴隆：“每到就餐时，汹涌的人潮是任何一个地方都没有有的！”

既然生意这样好，麦当劳又为什么要选择退出呢？谁也想不到，让麦当劳认输的，不是同行业的竞争，而是冰岛的洋葱！

冰岛这个位于大西洋中的岛国，农业不发达，大部分农作物都来自德国，包括麦当劳里必不可少的原料——洋葱！然而，麦当劳于 1993 年决定在冰岛开设分店时，并没有对此作过认真的调查。麦当劳总部想当然地认为洋葱只是一种随处可见的便宜货，到开张之后才发现，冰岛的洋葱简直贵得出奇，购进一个普通大小的洋葱，需要卖掉十几个巨无霸汉堡包。既然开张了，麦当劳只能选择坚持。长期以来，麦当劳在冰岛的生意看上去虽然红火，但利润却是薄之又薄。冰岛的麦当劳特许营运商奥格蒙德森用一句话描述出了这十几年来的经营状况：“我一直在不断亏钱！”

此次的金融风暴使冰岛克朗大幅贬值。欧元逐渐走强，加之进口食品税率提高，成本上升，更加大了麦当劳的经营难度。在冰岛首都雷克雅未克，一个巨无霸汉堡包如果要获得利润，就必须使价格上涨到 780 冰岛克朗（约 6.36 美元），而这个价格甚至比瑞士和挪威的 5.75 美元还要高。如果真是这个价格，麦当劳根本不会成为人们的选择。因为洋葱的高价，使麦当劳这个几乎所向披靡的全球快餐巨无霸，在冰岛低头认了输！

分析：正因为忽略了洋葱这个细节，最终导致麦当劳在冰岛的失败。这也印证了两句话：成功来自实践与调查。细节决定成败。

【案例思考】

1. 通过本案例，你认为麦当劳在冰岛营销失败的原因有哪些？
2. 本案例对我们进行科学调查与预测有哪些启示？

实训 4

课堂训练：市场调查的方案设计

主　　题：电热水器科学探究与市场调查

课　　时：2 学时

地　　点：教室

过程设计：① 学习小组的组织。在教师的指导下，将研究兴趣相近的 6～7 位同学组成“电热水器科学探究与市场调查”研究性学习小组。

② 小组课题的确定。围绕所要研究的主题，将课题分成 4 个不同专题展开研究，即“关于电热水器工作原理的探究”、“电热水器种类及使用范围的调查”、“不同种类电热水器技术性能与优、缺点的比较”以及“不同电热水器的选购、安装与维护方法研究”。

③ 调研方案的拟订。由学习小组的成员共同商议，制订活动计划，拟订调研方案。方案内容包括课题名称、调研专题名称及内容、调研方法、实施步骤、成员分工、经费预算、主要参考文献等。

目　　的：① 通过对电热水器的调查以及对其工作原理、技术性能、安装、使用、保养与维护方法等内容的探究，进一步加深学生对电热水器有关知识的了解，拓展学生的专业知识。

② 引导学生树立正确的市场营销观念，培养学生的团队精神和合作意识，激发学生的学习兴趣和参与意识，提高其语言组织及表达能力，帮助学生克服性格障碍，并锻炼学生的沟通能力。

考核指标：① 调查方法的合理性，如调查问卷的设计是否科学等。

② 调查方案、程序的科学性。

建　　议：① 授课教师可根据学生具体情况调整考核指标。

② 可由学生担任各学习小组组长。

CHAPTER

5

第5章 产品策略

知识要点

- ❖ 产品市场寿命周期的含义。
- ❖ 产品组合中的几个重要概念。
- ❖ 品牌和品牌策略。
- ❖ 包装策略。
- ❖ 新产品开发和推广的意义。

能力要点

- ❖ 掌握产品市场寿命与自然寿命的异同。
- ❖ 培养品牌意识和品牌观念。
- ❖ 认识新产品开发的重要意义。
- ❖ 熟悉新产品的推广方法。

引例 5

新近建成投产的上海华宝羊毛衫时装公司，以“标新立异、避免雷同”为经营宗旨，在公司兴建之初，就设巨奖向广大消费者征集服装款式设计，并派出大批信息员深入到许多城市了解市场情况，防止自己的产品在设计上与同类产品的款式、毛料、色彩重复，就连品牌也别具一格，起名为“阿拉”（上海方言“阿拉”即“我”）。通过这样充满个性的追求，登台不久的“阿拉”牌羊毛衫便在市场上争得了一席之地。

我们从以上的案例中得到三个启示：一是企业在抓好产品内在质量的同时，必须注重产品的外在形象，努力做到独树一帜；二是企业必须给产品取一个易记、有趣、新奇的好名称；三是企业要尽可能增加产品的文化附加值，增加消费者乐于接受的文化气息。

5.1 产品市场寿命周期

5.1.1 产品市场寿命周期的含义

1. 产品市场寿命周期的概念

产品市场寿命周期又称产品的生命周期，是指产品经过研究、开发，从进入市场开始，直到最终退出市场为止所经历的全部时间。产品市场寿命周期一般可分为四个阶段：投入期、成长期、成熟期和衰退期。产品市场寿命周期曲线如图5-1所示。

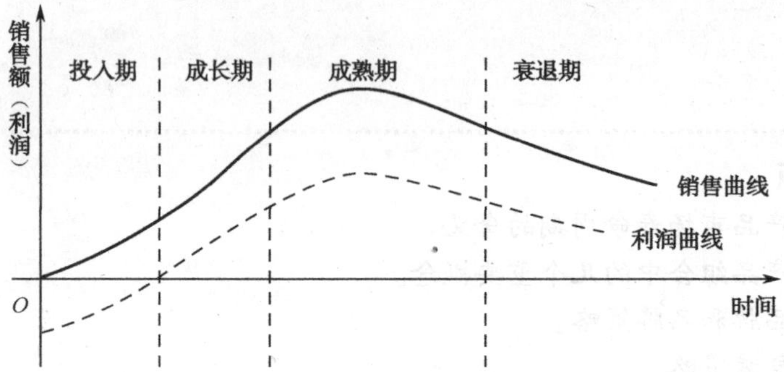

图5-1　产品市场寿命周期曲线

在产品市场寿命周期的不同阶段，产品的市场占有率、销售额、利润是不一样的。投入期产品销售额的增长较慢，利润多为负数。当销售额迅速增长，利润由负变正并迅速上升时，产品进入了成长期。经过快速增长的销售额逐渐趋于稳定，利润增长处于停滞，说明产品成熟期来临。在成熟期的后一阶段，产品销售额缓慢下降，利润开始下滑。当销售额加速递减，利润也较快下降时，产品便步入了衰退期。

产品市场寿命周期的形态可分为典型和非典型两种。典型的产品市场寿命周期要经过投入期、成长期、成熟期和衰退期，呈S形曲线。非典型形态有“循环—再循环型”、“扇型”、“非循环型”等。研究产品市场寿命周期对企业市场营销活动具有十分重要的启发意义。

2. 对产品市场寿命周期的理解

（1）*产品市场寿命周期不同于产品使用寿命*

产品的市场寿命周期与产品的使用寿命是两个截然不同的概念。

产品使用寿命是指产品的耐用度，即产品使用时间的长短，决定产品使用寿命的是产品自身因素以及对产品的使用、保养状况。所以，产品使用寿命是产品具体的物质形态变化，即自然寿命。

产品市场寿命周期可以理解为市场上产品的产生、发展和衰亡的过程在时间上的表现，即产品从投入市场到最终退出市场的全过程。决定产品市场寿命的是市场因素即消费者对产品的需求，产品使用寿命的变化伴随着产品的物质形态的磨损、消耗。

产品的市场寿命是无形的、抽象的，产品市场寿命的终结并不一定说明该产品已磨损，而只是表明该产品交易价值的“磨损”。

产品的市场寿命和使用寿命并无必然的联系，有些产品使用寿命很短，如火柴、肥皂、香烟，但市场寿命却很长；有些产品使用周期较长，如流行服装、家具，但市场寿命却很短。

（2）不同种类、不同品种、不同品牌的产品寿命周期是不同的

研究产品市场寿命周期，严格地讲是指产品品种的寿命周期。产品种类、产品品种、产品品牌的寿命周期是各不相同的，产品种类寿命周期最长。有些产品种类要受人口、经济等因素的影响，呈现周期变化而无法预测，几乎可以无限期地使用下去。产品品牌的寿命周期则很不规则，企业可以长期使用下去，也可以经常变化，不同品牌的产品在不同企业中其寿命周期会有很大的差别。而产品品种的寿命周期则具有典型性，它的发展变化有一定的规律可循。

（3）产品市场寿命周期的变异

产品市场寿命周期及其四个阶段的划分，只是一种理想化或典型化的描述，它说明了产品在市场上发展的典型状态。而实际上由于产品本身以及所处的外部环境和企业内部各种因素及条件的影响，各种主观因素和客观因素的影响，常使产品市场寿命周期发生变异。总的来说，有以下四种类型，如图 5-2 所示。

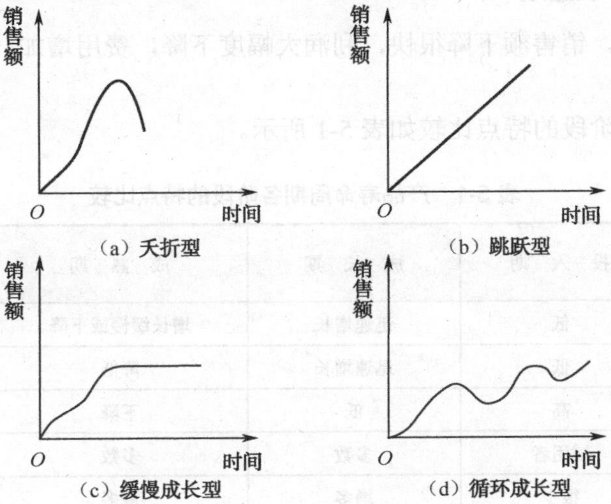

图 5-2　产品市场寿命周期的异常表现

① 夭折型。产品刚开始进入市场不久，就因为某种原因而被停产，退出市场而成为短命产品。

② 跳跃型。产品一开始上市就立即迅速成长，直接跳过投入期而进入成长期。此类产品往往在市场已有极大的需求，新产品一投放市场，立即就出现销量迅速上升的局面。

③ 缓慢成长型。产品没有经过快速成长的阶段而处于持续缓慢成长的状态，直接进入成熟期。或者可以理解为该类产品长期处于成长期或成熟期。这样的产品，其寿命周期往往表现为近似水平的直线。

④ 循环成长型。产品在经过成熟期之后再次进入下一个迅速成长期。这是由于企业以前所做的促销努力，经过一段时间后开始发挥作用，促使销售量的回升，或者是因为产品不断改进和提高，使正处于成熟期的老产品迅速被新产品取代，进入新的成长期。

5.1.2　产品市场寿命周期的四个阶段

1. 第一阶段——投入期

新产品投入市场，这时顾客对产品还不了解，只有少数追求新奇的顾客购买，销售量低。

为了打开销路，企业需要投入大量的促销费用对产品进行宣传。这一阶段，由于新产品生产批量小，因而成本高，销售额增长缓慢，企业利润很小，有时可能亏损。

2．第二阶段——成长期

顾客对产品已经熟悉，大量的顾客开始购买，市场逐步扩大。产品已具备大量生产的条件，生产成本相对降低，企业的销售额迅速上升，利润也迅速增长。在这一阶段，竞争者看到有利可图，纷纷进入市场参与竞争，使同类产品供给量增加，价格随之下降。

3．第三阶段——成熟期

由于竞争加剧，这一阶段的销售额和利润均增长缓慢，到后期，则呈下降趋势。在这一阶段，销售额和利润达到最大值。

4．第四阶段——衰退期

产品已陈旧老化，销售额下降很快，利润大幅度下降，费用增加，有时出现亏损，即将被市场淘汰。

产品寿命周期各阶段的特点比较如表 5-1 所示。

表 5-1　产品寿命周期各阶段的特点比较

阶段 / 特点	投入期	成长期	成熟期	衰退期
销售额	低	迅速增长	增长缓慢或下降	下降
利润	低	迅速增长	降低	低或无
成本	高	低	下降	回升
顾客	试用者	多数	多数	保守者
竞争者	很少	增多	最多	减少
价格	高或低	适当	降低	降低

5.1.3 产品市场寿命周期各阶段的市场营销策略

1．投入期的市场营销策略

针对投入期的特点，企业营销策略的重点应放在使产品尽快地为消费者所接受，缩短产品的市场投入时间，突出一个“快”字。

2．成长期的市场营销策略

针对成长期的特点，企业的营销重点就是怎样提供比竞争者更好的产品，怎样更好地满足消费者需要，突出一个“好”字。

3．成熟期的市场营销策略

菲利普·科特勒根据成熟期产品销售量的变化情况，把成熟期分为三个阶段：第一阶段称“成长成熟期”，此时各销售渠道基本呈饱和状态，但总销售额持续缓慢增长，这是由于有少数新消费者进入该市场，大部分原顾客重复购买所致；第二阶段为“稳定成熟期”，此时销售量趋于饱和甚至开始下降，无新的购买者进入市场，原有消费者开始寻求和购买其他产品或替代产品；第三阶段为“滑坡成熟期”，此时销售增长率开始下滑，销售总量迅速下降，原有用户的兴趣开始转向其他产品和替代产品。在这一时期，企业应当采取进攻与防御并进的策略，稳定市场占有率。

（1）产品改进策略

产品改进策略又称产品再推出策略，即将产品的性能、品质等予以明显改革，以便保持老顾客、吸引新顾客，从而延长成熟期，甚至再次进入投入期（即再次循环）。例如，电视机厂将普通黑白电视机改为彩色、平面直角、带遥控数字化电视机，酿酒厂把普通玻璃装白酒改为做工考究的瓷瓶包装的礼品酒等。此外，提供新的服务也是产品改进策略的重要内容。

（2）市场改进策略

市场改进策略，即企业通过发展产品新的用途、改进营销方式和开辟新的市场等途径扩大产品的销售量。

4．衰退期的市场营销策略

在衰退期，由于技术的进步，消费者的需求、偏好发生变化，或者由于激烈的竞争，导致生产过剩，使得销售额、利润下降。这时企业的营销重点是怎样有计划地转产，有计划地撤出市场。通常有以下几种策略可供选择。

（1）继续策略

继续沿用过去的策略，使用相同的销售渠道、定价及促销方式，直到这种产品完全退出市场为止。采用这种策略的企业，它的产品仍有盈利，在市场上竞争力较强，并且企业仍有其他处于成熟期的产品。

（2）集中策略

把企业的资源集中使用在最有利的细分市场及最有效的销售渠道和最易销售的品种、款式上。简言之，缩短战线，以最有利的局部市场赢得尽可能多的利润。

（3）放弃策略

对于衰退比较迅速的产品，应当机立断，放弃经营。可以采取完全放弃的形式，如把产品完全转移出去或立即停止生产；也可以采取逐步放弃的方式，使其所占有的资源逐步转向其他产品。

5.2 产品组合策略

产品好比人一样，都有其由成长到衰退的过程。因此，企业不能仅仅经营单一的产品，要适当增加产品的种类，实行多角化经营，从而减小经营风险。如美国光学公司生产的产品超过3万种，美国通用电气公司经营的产品多达25万种。当然，并不是企业经营的产品越多越好，而是应该生产和经营那些对自身有利的产品。哪些产品才是有利的？这些产品之间应该有些什么组合关系？这就是产品组合问题。

5.2.1 产品组合的含义

所谓产品组合，也称产品搭配，是指一个企业生产或经营的全部产品线、产品项目的组合或搭配方式，即经营范围和结构。它包括四个变数：宽度、长度、深度和相关性。

5.2.2 产品组合中的几个重要概念

1. 产品组合概念

为了更好地理解产品组合的概念，必须先明确产品项目和产品线的含义。

（1）产品项目和产品线

产品项目就是产品的品种，或者说凡是列入企业销售目录产品的名称。例如，某汽车公司产品中的某一牌号的汽车，就是该公司许多产品项目中的一个。

产品线是指具有类似功能、能满足同类需求的产品。比如，电冰箱、果汁机、抽油烟机、煤气炉等产品都是为了满足做饭所需要的产品，因而构成厨房设备产品线。

（2）产品组合的概念

产品组合是指一个企业所经营全部产品的质的组合与量的比例关系。它可以通过广度、深度和密度反映出来。

（3）产品组合的广度

广度是指一个企业所拥有的产品线数目的多少。产品线越多，产品组合就越宽，反之就越窄。

2. 产品组合的扩大与缩小

扩大产品组合又称多种经营。由于科学技术的进步和市场需要的多样化，产品品种以惊人的速度向前发展。为了适应市场竞争的需要，企业必须采取多品种经营来增强自己的竞争能力。多品种经营可以充分利用企业的人力、物力和财力，提高经济效益，以便在市场变动、企业产品市场供求不平衡的情况下充分利用企业的各种生产要素；同时，多品种经营还可以减小由于季节、消费者需求变动给企业带来的经营风险，从而增强企业的竞争能力。

5.2.3 产品组合策略

所谓产品组合策略，是指企业根据自己的营销目标，对产品组合的广度、深度和密度进行的最优组合决策。常用的产品组合策略有以下四种。

1. 全线全面型

全线全面型是指向市场提供所需要的各种产品，即其广度和深度都较大、密度可大可小的组合。

2. 市场专业型

市场专业型是指向某个专业市场提供所需要的各种产品，也就是其广度和深度都较大，但密度较小的产品组合。

3. 多条产品线专业型

多条产品线专业型是指企业专注于某类产品的生产，即广度和深度较小，但密度较大的产品组合。

4. 一条产品线专业型

一条产品线专业型是指企业根据自己的专长，集中经营单一的产品线，即广度最小、深度一般的产品组合。例如，有的汽车制造厂专门生产作为个人交通工具的小汽车，不生产大客车、运货卡车及其他用途的汽车。

5.3 产品品牌策略

5.3.1 品牌

1. 品牌的概念

品牌俗称厂牌，它是一个名称、术语、标记、符号或是一个设计，或者是它们的组合运用，其目的是识别某个或某类销售产品或服务，并使之同竞争对手的产品或服务区别开来。

2. 品牌的作用

(1) 有助于产品的销售和占领市场

品牌一旦形成一定的知名度和美誉度，企业就可利用品牌优势扩大市场，提高消费者对品牌的忠诚度，使销售者在竞争中得到某些保护，并使他们在制定市场营销策略时具有较强的控制能力。

(2) 有助于增强对动态市场的适应性，减少未来的经营风险

由于品牌具有排他性和专用性，在市场激烈竞争的条件下，一个强有力的知名品牌可以像灯塔一样为不知所措的消费者在信息海洋中指明“避风的港湾”，消费者愿意为此多付出代价，能保证厂家不用参与价格大战就能保证稳定的销售量。

(3) 有助于市场细分，进而进行市场定位

品牌有自己独特的风格，除有助于销售外，还有利于企业进行市场细分，企业可以在不同的细分市场中推出不同品牌以适应消费者的个性差异，来更好地满足消费者。

(4) 有助于新产品开发，节约新产品投入市场的成本

一个新产品进入市场，风险是相当大的，而且投入成本也相当大，但是企业可以成功地进行品牌延伸，借助已成功或成名的名牌，扩大企业的产品组合或延伸产品线，采用现有的知名品牌，利用其一定的知名度和美誉度，推出新产品。

5.3.2 商标

1. 商标的概念

商标是区别商品或服务来源的一种标记，我国俗称商标为“牌子”，也就是刻印在商品或商品包装上的图形、图案、文字或符号。它是受法律保护的品牌或品牌的一部分。

商标的本质作用是区别商品的来源或服务的提供者，是商品生产和商品交换发展到一定阶段的产物。商标经工商行政管理局核准注册后成为注册商标，注册商标有特定的标记，受到法律的保护。没有注册的商标为未注册商标，一般是不受法律保护的。

2．商标的作用

（1）区别商品或服务的来源

企业可以通过商标将自己的商品与他人的商品区别开，以方便消费者在市场上选择、购买。

（2）市场竞争的有力工具

质量好的商品会使其商标的知名度不断扩大，知名度高、信誉好的商标又会使该商品的市场竞争力增强。

（3）企业的无形财产

商标作为企业的工业产权，与其他财产一样，是企业的财富。具有一定知名度的商标更是如此，甚至是巨额财富。

5.3.3 商标和品牌的区别

商标与品牌既有联系又有区别，其联系主要表现为：它们都是无形资产，都具有一定的专有性，其目的都是为了区别于竞争者，有助于消费者进行识别，所以商标与品牌在使用时经常被混淆。

有些人误以为两者无本质区别，其实不然，两者的区别主要表现在以下几个方面：

① 品牌无须注册，商标一经工商行政管理部门注册后，取得专用权，就享有法律的保护，并成为注册商标。

② 商标一般都要注册（我国也有未注册商标），它是受法律保护的一个品牌或品牌的一部分，其产权可以转让和买卖。

③ 品牌主要表明产品的生产和销售单位，而商标则是区别不同产品的标记。

④ 一个企业的品牌和商标可以是相同的，也可以不相同。例如，“长虹”这个品牌本身既是商品的商标，也是企业的牌子。而贵州茅台酒厂生产的茅台酒，“茅台”是著名品牌，其商标有“五星”、“飞天”等。

⑤ 品牌比商标有更广的内涵，品牌代表一定的文化，有一定的个性，而商标则是一个标记。

5.3.4 品牌策略

1．无品牌策略

无品牌策略，是指企业对自身生产的产品不使用任何品牌名。

无品牌策略的主要优点是可以减少经营管理费用；缺点是因为不为消费者所知，产品推广时渠道阻力较大，渠道公关成本可能较高。

因此，无品牌策略的产品主要见于一些原材料生产商，或是生产技术简单、消费者选购时重质量轻品牌的小商品生产企业。

2．贴牌策略

贴牌策略，是指某企业生产的产品冠之以其他企业的产品品牌。贴牌策略本质上是资源整合，优势互补。贴牌策略的最大优势是贴牌企业（采购方）省去了生产、制造和技术研发的成本，对被贴牌企业（被采购方）则省去了营销、传播和运输、仓储成本，应是双赢的结果。

贴牌策略的劣势是贴牌的双方一般是竞争对手，如果同一产品在同一渠道出现，双方就不可避免地产生竞争。

因此，实施贴牌策略的双方，最好避免在同一渠道出现，同时，双方的品牌定位应避免是同一消费层次，这样，双方就可减少直接冲突的可能。这种经营方式有几个好处：一是可以扩大影响，树立起自己产品的形象；二是不必受供应商掣肘，自己可以根据竞争定价；三是掌握了产品批发和零售的程序，减少了中间商的多重成本，商品卖得便宜，利润却随之增加。贴牌策略常见的有以下几种情况。

（1）采用销售者品牌

采用销售者品牌的具体做法是零售商通过了解消费者信息、提出产品的设计开发要求，并选择生产企业进行生产，然后利用零售商品牌把产品推向市场。

（2）采用生产者品牌

多数批发商和零售商不用自己的牌子，而采用生产者自己的牌子。因为许多产品的品牌已经由生产者推销成功，他们的销售情况很好，这时采用生产者的品牌也能够提高销售商的形象，把更多的消费者吸引过来。

（3）销售者品牌和生产者品牌并用

一些大型零售商店和批发商店除了销售自身品牌的产品外，为了扩大经营，争取更好的经营效益，也同时销售其他生产者品牌的商品。

3. 统一品牌策略

统一品牌策略，是指企业原有的品牌在某一市场获得成功，得到消费者认可后，企业在开发的所有新产品进入新市场或老产品进入新的市场时均采用原品牌。这样，企业的所有产品在对外输出时均采用统一品牌。统一品牌的优势有：第一，可以为企业节省巨额的市场开拓费用；第二，可以利用已经成功的品牌推出新产品，容易使消费者产生信任感，可以壮大企业的声势，提升企业的市场形象，节约创立新品牌的费用。但是，统一品牌策略容易产生“株连风险”，即如果某个产品信誉出现了危机，将会严重影响企业的整体形象，整个产品组合也将会面临极大的危机。因此，企业在考虑统一品牌策略时，应在既有品牌知名度、美誉度较高且新的市场和原有市场有较高关联度的情况下实施。

4. 多品牌策略

多品牌策略，是指企业对所开发的新产品或新进入市场的产品进行单独命名和推广的策略，即企业同时经营两种或两种以上相互竞争的品牌。

采取多品牌策略的主要原因有以下几个方面。

① 多种不同的品牌只要被零售商店接受，就可以占用更大的货架面积，而竞争者所占用的货架面积就会相应减少。

② 多种不同的品牌可吸引更多的顾客，提高市场占有率。

③ 发展多种不同的品牌有助于在企业内部各个产品部门、产品经理之间展开竞争，提高效率。

多品牌策略的劣势是市场开拓成本较高，不利于在消费者心目中形成统一的品牌形象。

因此，在行业内市场细分多、利润丰厚、企业原品牌定位及属性不宜延伸的情况下，可以实施单独品牌策略。

5.4 产品包装策略

一提起“佛跳墙”，大家都知道那是一道上海名菜，但由于这道名菜价格昂贵，一般老百姓都不敢问津，知道的人多，可尝过的人少。为了让一般老百姓也能品尝这道名菜，上海锦江饭店特意将这道名菜在加工时换成小包装，由于数量少，化整为零，价钱自然低廉。于是想尝尝鲜的顾客越来越多，昔日无人问津，只有用公款吃喝的“佛跳墙”，一下子成了抢手货，供不应求。

如今市场上一些产品包装不尽如人意，要么喧宾夺主，要么随心所欲。曾几何时，酒产品和饮料包装箱，一箱子装几十瓶，装卸困难，消费者无法整箱购买，而且保存时间过长，又会超过保质期，而作为商家也不好出售。后来，一些企业不断地改进包装，将酒产品和饮料包装箱改进成每箱6～9瓶，不仅包装箱印刷精美，而且适宜作为礼品，物美价廉，在市场上一下子变得畅销起来。由此可见，产品包装尤为重要。

美国著名管理学家李维特曾说过：“新的竞争不在于工厂里制造出来的产品，而在于工厂外能够给产品加上包装、服务、广告、咨询、融资、送货或顾客认为有价值的其他东西。”

5.4.1 产品包装的含义和作用

1. 包装的含义

进入市场的产品都要包装。包装有时起到的作用较小（如对价格低廉的五金商品），有时却起到举足轻重的作用（如对价格昂贵的化妆品）。

有一些包装是闻名于世的。如“可口可乐”的瓶子，“雷格”女用连裤袜，蛋形容器，许多营销人员把包装化（Packaging）称为第五个P。前面四个P分别为价格（Price）、产品（Product）、地点（Place）和促销（Promotion）。

包装是商品实体的重要组成部分，通常是指产品的容器或包装物及其装潢设计。

2. 包装的作用

包装的作用主要表现在以下三个方面。

（1）保护商品，便于储运

保护商品，便于储运，这是最重要的作用，它是指保护被包装的商品，防止损坏或发生意外事故，诸如渗漏、浪费、偷盗、损耗、散落、掺杂、收缩和变色等。产品从生产出来到使用之前的这段时间，保护措施是很重要的，包装如起不到保护作用，这种包装就是一种失败。

可以说，产品包装最基本的功能便是保护商品，便于储运。不同的产品本身的物质形态不同，有气态、液态和固态之分；理化性质各异，如存在有毒、易腐蚀、易挥发、易燃、易爆等性质上的差异；外形也可能有棱角、刃口或其他危及人身安全的形状。有效的产品包装可以起到防潮、防热、防冷、防挥发、防污染、保鲜、防易碎、防变形等保护产品的作用。

（2）便于运输和携带

产品在流通过程中，必然会有运输和储存环节，良好的包装可以方便产品的运输和携带。

（3）促进产品销售

生产产品的公司和品牌形象公司已意识到设计良好包装的重要作用，它有助于消费者迅速辨认出是哪家公司或哪一品牌。

5.4.2 包装的种类

包装的分类方法很多，通常人们把包装分为运输包装和销售包装两大类。此外，还有以下几种分类方法。

① 以包装容器的形状分类，可分为箱、桶、袋、包、筐、捆、坛、罐、缸、瓶等。

② 以包装的材料分类，可分为木制品、纸制品、金属制品、玻璃制品、陶瓷制品和塑料制品包装等。

③ 以包装货物的种类分类，可分为食品、医药、轻工产品、针棉织品、家用电器、机电产品和果菜类包装等。

④ 以安全为目的分类，可分为一般货物包装和危险货物包装等。

5.4.3 包装的设计要求

1. 包装设计原则

产品包装的设计遵循以下一些基本原则。

（1）适用原则

包装的主要目的是保护商品。因此，首先要根据产品的不同性质和特点，合理地选择包装材料和包装技术，确保产品不损坏、不变质、不变形等，尽量使用符合环保标准的包装材料；其次要合理设计包装，便于运输等。

（2）美观原则

销售包装具有美化商品的作用，因此在设计上要求外形新颖、大方、美观，具有较强的艺术性。

通用食品公司开发了一种新颖的狗食品，其形状像小小的肉馅饼。公司管理层决定要最大限度地使人们看到这些馅饼所具有的独特的外表。为体现产品的可见性，管理层考虑了若干包装方案，最后选定在盘子上覆盖一层透明薄膜的包装方式。

（3）经济原则

在符合市场营销策略的前提下，要尽量选用来源比较充足的包装材料代替稀缺材料，用较便宜的材料代替昂贵的材料，用国产和本地产的材料代替进口和外地的材料，用新型包装材料代替传统包装材料，以尽量降低包装成本。

2. 包装设计要求

（1）包装应与商品的价值或质量相适应

由于产品包装已成为产品的一部分，所以产品包装必须与产品价值相符合。“一等产品二等包装”固然不可取，但是不考虑产品内容、用途和销售对象，而单纯追求包装、装潢的精美华丽，以此来吸引顾客，其结果往往是主次颠倒、弄巧成拙。

（2）包装应能显示商品的特点或独特风格

要能够从产品包装的图案、形状和色彩等方面显示出产品的特点。例如，化妆品的包装要色彩艳丽、造型优美、装潢雅致；贵重的工艺品包装的材质要尽显华贵、造型独特、装潢华丽；儿童用品的包装要五彩缤纷、生动活泼，以符合儿童的心理特点。

（3）包装应方便消费者购买、携带和使用

包装的一个重要作用就是方便消费者购买、携带和使用。一个精美的包装，如果不方便携带，这样的包装也不能算好的包装。包装的设计要大、中、小并举，这样既保证运输的安全、方便，也为橱窗陈列和做广告提供了方便，还为消费者携带和使用创造了便利条件。

（4）包装装潢应给人以美感

设计产品包装，首先要能保护产品。同时，包装的造型要美观大方、生动形象，图案设计要新颖独特，给人以美感，提高产品对消费者的吸引力，增强产品的竞争能力。

5.4.4 包装策略

包装策略常用的有以下四种。

1. 类似包装策略

类似包装策略是指企业所生产的各种产品在包装物外形上采用相同的开关、近似的色彩和共同的特征，以便使消费者从包装的共同特点产生联想，一看就知道是哪个企业的产品。实行这种策略的优点是容易提高企业信誉，节约包装设计费用；缺点是一损俱损。

2. 组合包装策略

组合包装策略又称配套包装策略、多种包装策略，是指将数种有关联的产品放在同一窗口内进行包装，以方便消费者购买、携带和使用。

例如，旅游用的牙刷、牙膏、刮胡刀等装配在一起，还有化妆品、玩具等的成套包装。

3. 再使用包装策略

再使用包装策略又称双重包装策略，是指将原包装的产品使用完以后，包装物可移作他用途。采用这种策略的优点是有利于诱发消费者的购买动机，空包装物还能起到广告宣传的作用。

尽量谨慎使用该策略，避免因成本加大引起商品的价格过高而影响销售。

4. 附赠品包装策略

附赠品包装策略又称万花筒包装策略，是指在产品包装物内附赠小物品，目的是吸引顾客购买和重复购买，以扩大销量。在儿童用品市场上最常使用这种策略，如糖果和其他小食品包装内附有连环画、塑料小动物等。

5.5 新产品开发

5.5.1 新产品的概念与分类

1. 新产品的概念

什么是新产品？概括地说，凡是消费者认为是新的并能从中获得新的满足且可以接受的产品都属于新产品。它包括三类：全新产品、换代产品、改进新产品。

2. 新产品的分类

（1）全新产品

全新产品是指新发明的产品，即采用新原理、新技术、新材料、新结构而生产出来的具有全新功能的产品。例如，电话机、计算机等第一次进入市场时都是全新产品。近几年来，新产品不断涌现，然而能称得上全新产品的却极为有限。生产这类产品难度很大，需要科学原理的重大发现，应用技术的重大突破，生产材料的重大创新，产品结构的重大变革。

（2）换代产品

换代产品是指在原有产品的基础上，部分采用新材料、新结构而制造出的适应新用途、满足新需求的产品。也就是说，新产品与原有产品相比并无基本原理上的不同，只是生产技术、材料或结构上有所进步。

（3）改进新产品

改进新产品是指通过改进技术、增加功能、美化外观，对现有产品的性能、质量、构造、样式或包装作一定改变而生产出来的产品。例如，多功能的录音机，更耐用的手表，新结构的机器，新样式的家具，药物牙膏等。

5.5.2 开发新产品的意义

新产品的开发对企业的重要性主要体现在以下几个方面。

1. 开发新产品有利于促进企业成长

任何一种产品，都不是长生不老的，都会有从鼎盛走向衰退的过程。当原有产品走向老化时，企业必须推出新产品取而代之，否则，企业就会随着其产品的衰退一道走向衰亡。在市场上，企业防止产品老化的关键就是不断创新，以此提高企业的信誉和市场地位，使企业的经营不断发展，在竞争中保持优势。因此，国外许多大企业都十分重视新产品的开发，每年用相当于销售额的3%～5%的资金作为新产品的开发研制费用。

一方面，企业可以从新产品中获取更多的利润；另一方面，推出新产品比利用现有产品能更有效地提高市场份额。利润和市场份额是企业追求的两个重要目标，它们的增加和提高能促使企业不断发展。

2. 开发新产品可以维护企业的竞争优势和竞争地位

为了拥有消费者并占有较多的市场份额，企业会运用各种方式和手段来获得竞争优势，开发新产品是当今企业加强自身竞争优势的重要手段。

如果企业只是采用降价的办法来维持原产品的销售来争取顾客，那么企业将因此付出沉重的代价。竞争者之间竞相降价的结果，只能是两败俱伤。而且降价销售有损产品的形象和企业的市场声誉，仅以价格进行竞争在当代已是一种下策。开发新产品是赢得顾客的一种有效手段，不仅可以使企业提高市场地位和产品声誉，在竞争中取得优势，还可以使企业获得更多的利润。

3．开发新产品有利于企业更好地适应环境的变化

在社会飞速发展的今天，企业面临的各种环境条件也在不断发生变化。这预示着企业的原有产品可能会衰退，企业必须寻找合适的替代产品，因此，企业有必要对新产品进行研究与开发。

5.5.3 新产品的开发程序

1．构思创意形成

构思指对新产品的设想，是新产品开发的起点，成功的产品来源于良好的构思。构思越多，选择的余地越大。新产品构思的主要来源包括顾客、竞争者。

（1）顾客

好的新产品创意来自对顾客的观察和聆听。企业可通过调查或集中座谈了解顾客的需要和欲望。通过分析顾客的提问和投诉能发现更好地解决消费者问题的新产品。通用电气公司电视产品部门的设计工程师就是通过与最终消费者会谈的方式得到新的家用电器产品创意的。

（2）竞争者

竞争者也是新产品创意的好来源。企业观察竞争者的广告及其他信息，从而获取新产品的线索。如购买竞争者的新产品，把产品拆开，观察产品的结构，分析产品的销售，最后决定企业是否应该研制出一种适合自己的新产品。

2．筛选

在新产品开发的第一阶段，激发构思的主要目的是产生更多的构思。这些构思不可能都付诸实施，因此，必须按一定的要求进行筛选。筛选是根据企业的科研生产能力、市场营销目标和外部环境，对新产品构思进行评价和选择以及优胜劣汰的过程。

3．形成新产品概念

新产品概念是企业从消费者角度对新产品构思的具体化、形象化的描述。例如，某企业要生产一种汽车，这只是一个产品构思，为了形成具体的产品概念，首先要回答一些问题：由何因、为何人、为何事、在何时、在何处使用，使用何种原材料等。

“随身听”的发明就是典型的一个例子。1979年，日本索尼公司推出了世界上第一台便携式磁带播放机——“随身听”，打开了便携式数码音乐产品的大门，一个以个人为中心的音乐世界在人们面前豁然开朗。“随身听”的诞生创造了人们欣赏音乐的全新方式，确实是一个划时代的产品，其诞生的秘史却来源于一个简单的梦想。1951年，索尼公司的创始人井深大先生在访问美国的飞机上突然冒出一个灵感：如果人们能随时随地欣赏美妙的音乐，生活将是多么美好，这个梦想在27年后1978年的秋天实现了。而索尼公司另外一位创始人盛田昭夫先生非常敏锐地感觉到“随身听”的概念必能取得巨大的商业成功，因此极力地推动了“随身听”的开发研制。产品一上市，就得到了广大年轻消费者的青睐。

在飞机上产生的灵感，其实就是一个新产品概念的形成。何时——随时；何地——随地；何人——喜欢音乐的人；何事——为了听音乐。

5.5.4 新产品推广

新产品开发策略的类型是根据新产品策略的维度组合而成的，新产品的竞争领域、新产品开发的目标及实现目标的措施，这三维构成了新产品开发策略。对各维度及维度的诸要素组合便形成各种新产品的开发策略。现对几种典型的新产品开发策略介绍如下。

1．领先策略

领先策略是具有高风险性的新产品策略，也称冒险策略，通常在企业面临巨大的市场压力时采用，企业常常会孤注一掷地调动其所有资源投入新产品开发，风险越大，回报越大。

2．进取策略

进取策略也称跟随超越策略，是由以下要素组合而成的。竞争领域在于产品的最终用途和技术方面，新产品开发的目标是通过新产品市场占有率的提高，使企业获得较快的发展；创新程度较高，频率较快；大多数新产品选择率先进入市场；开发方式通常是自主开发；以一定的企业资源进行新产品开发，不会因此而影响企业现有的生产状况。新产品的创意可来源于对现有产品的用途、功能、工艺、市场营销策略等方面的改进，改进型新产品、降低成本型新产品、形成系列型新产品、重新定位型新产品都可成为其选择方向，也不排除具有较大技术创新的新产品开发。该新产品策略的风险相对要小。

3．紧跟策略

紧跟策略也称更新换代策略，是指企业紧跟本行业实力强大的竞争者，迅速仿制竞争者已成功上市的新产品，来维持企业的生存和发展。许多中小企业在发展之初常采用这种策略。紧跟策略的特点是：新产品的战略竞争领域是竞争对手所选定的产品或产品的最终用途，本企业无法也无须选定；企业新产品开发的目标是维持或提高市场占有率；仿制新产品的创新程度不高；产品进入市场的时机选择具有灵活性；开发方式多为自主开发或委托开发；紧跟策略的研究开发费用较小，但市场营销风险相对较大。

4．保持地位或防御策略

保持或维持企业现有的市场地位，有这种策略目标的企业会选择新产品开发的防御策略。该策略的产品竞争领域是市场上的新产品；新产品开发的目标是维持或适当扩大市场占有率，以维持企业的生存；企业多采用模仿型新产品开发模式；以自主开发为主，也可采用技术引进方式；产品进入市场的时机通常要滞后；新产品开发的频率不高；成熟产业或夕阳产业中的中小企业常采用此策略。

本章小结

一种产品从投放市场一直到被市场淘汰为止的整个过程，称为该产品的市场寿命周期。产品的市场寿命周期可以分为导入期、成长期、成熟期和衰退期四个阶段。在不同的阶段，其市场特点不同，企业应采取不同的市场营销策略，采取多种方法来延长产品的市场寿命周期。新产品的设计与开发必须满足多种要求。新产品的开发策略有：领先策略、进取策略、紧跟策略、保持地位或防御策略。产品的包装起着保护商品、方便使用和促进销售的重要作用。包装有多种分类，一般分为两大类：运输包装和销售包装。根据产品的特性和企业的市场营销策略，包装可以采用的策略有四种：类似包装策略、组合包装策略、再使用包装策略、附赠品包装策略。品牌比商标有更广的内涵，品牌代表一定的文化，有一定的个性；而商标则是一个标记。一个企业品牌和商标可以是相同的，也可以是不同的。

习题5

1. 什么是产品的市场寿命周期？产品市场寿命周期各阶段的特征及相应的市场营销策略有哪些？
2. 在市场营销中，新产品指的是什么？它可以分为哪几类？
3. 什么是品牌？什么是商标？两者的异同是什么？
4. 常用的包装策略有哪些？

实训5

课堂训练：运用多品牌策略

主　　题：宝洁公司的多品牌策略

课　　时：2学时

地　　点：教室

过程设计：① 由教师介绍前文中宝洁公司的多品牌策略的相关案例。

② 将同学分成若干小组，各小组内部进行讨论，推选发言人，搜集所选品牌的相关资料，准备发言稿等。

③ 围绕宝洁公司的多品牌策略，对该公司的品牌策略进行分析和阐述，并在阐述中，回答以下问题：宝洁公司的多品牌策略有何优势？其劣势在什么地方？有没有需要改进的地方？如果是你，将如何运用品牌策略？

目　　的：① 培养学生的合作能力和团队精神。

② 理论联系实际，通过讨论激发学生的学习兴趣，促进学生对所学知识的理解，调动学生自主学习的积极性，使学生真正地成为学习的主体。

③ 培养学生全面、深入地分析问题的能力。

考核指标：① 表达清楚、明了。时间限制在每组10分钟。

② 理论联系实际，论据充分。

③ 所选资料必须真实，并尽可能全面。

建　议：	① 可由学生担任主持人。 ② 教师引导学生利用课本所学知识进行分析。 ③ 让学生查阅相关资料，完成调查报告的撰写。

阅读材料5——一点儿的骄傲

在2008年金融危机席卷全球的灰色日子里，欧美市场成了“红海”，曾经雄霸天下、作为廉价商品代名词的中国商品似乎渐渐失去了以往的锋芒。然而就在这风口浪尖上，一种标价75美元、名为“OSPOP”的运动鞋却成为西方人竞相追逐的时尚新宠。许多人不知道，它最初的“出生地”就在中国，这种鞋原本还有个“中文名”，人们管它叫“解放鞋”。

2004年，一名来自美国的商人班·沃特斯受命前来上海拓展其家族的石化事业。没事的时候，他常常到矿井、码头、巷弄、农舍里转悠。他发现了一种现象：在中国，下井劳作的矿工们，在工厂打工的工人们，甚至在陌上垄间劳作的农民们，都习惯穿一种设计简单、胶质、廉价的鞋。这种鞋通常被装在灰色纸袋里出售。沃特斯弄清楚了这种鞋叫作解放鞋，它最初穿在中国部队的首长和士兵的脚上，后来中国老百姓都喜欢穿它。许多年来，中国仍有很多人只要做苦活、脏活、累活，都不忘换上它。它似乎成了中国劳动者脚上的流行色。

沃特斯想，既然穿上它有利于劳动，为什么不让劳动者穿得更舒服些？

沃特斯从关心劳动者，很快想到了市场。于是沃特斯买下了一双解放鞋回家研究。他发现在中国生产这种鞋的厂家很多，他买下的那双鞋正好是河南省焦作市温县天狼鞋厂制造的。他的大脑里忽然冒出了一个主意：我要生产用来外销的解放鞋，没准新解放鞋也能成为欧美民众消费的时尚。

沃特斯立即通过当地的合作伙伴打到河南省焦作市的这家鞋厂，表达自己合作投资的意愿。为此，沃特斯特地聘请了一位资深的鞋业设计师，为解放鞋设计出了舒适的鞋垫，并对鞋子的制作材料、外观乃至外包装都进行了改良。改良后的解放鞋一落地，便带着尚未褪尽的泥土气息漂洋过海，成为大洋彼岸人们脚上的“新宠”。

改良后的解放鞋，有了一张英文名片——“OSPOP”，它是“One Small Point of Pride”的缩写，意为“一点儿的骄傲”。

沃特斯成为OSPOP公司的创办人。现在，许多营销精英都在推广沃特斯的“一点儿的骄傲”。在不到一年的时间里，“一点儿的骄傲”卖出了75 000双。

那么，在中国，一双解放鞋的市场价是多少呢？答案很简单，那就是——2美元！

在摆在货架上的名优商品卖不动的今天，在品牌商品纷纷打折、降价的今天，在商家高喊着“生存是头等大事”的今天，一个普通外国人让一双解放鞋来了一个华丽的转身，成就了它37.5倍的价值飞跃。

当我们抬高视线，当我们拨开头顶的云雾，我们不难发现，2010年像解放鞋一样的“经典国货”悄悄地流行起来。从网络到街头，很多人开始重新青睐在20世纪80年代盛行的梅花牌运动衫、凤凰自行车、回力胶鞋、飞跃胶鞋、蜂花洗发精、小白兔儿童牙膏等物品。有的原汁原味，有的稍稍改良，总之，这股诠释着自己“年代记忆”的“国货热”经过娱乐圈的发酵（包括王菲、刘嘉玲、春晓、耿乐在内的众多明星纷纷“国货上身”），一时间，经典国货成了新鲜时尚的载体，火了商家，热了市场。

人们对这种貌似不可思议的现象的解释也很简单——在现金为王，一些名牌商家没有更多研发资金投入的时候，在产品没有新突破的时候，翻旧就是一种创新。

走出困境，创造更多的品牌产品，有时并不需要什么大智慧、大发现、大投资，往往只要发现并创造“一点儿的骄傲”就够了。

【案例思考】

1．为什么说翻旧也是一种创新？

2．为什么说走出困境，创造品牌产品需要的是另类思考？

CHAPTER

6

第6章 定价策略

知识要点

- ❖ 影响产品价格的主要因素。
- ❖ 成本导向定价法；需求导向定价法；竞争导向定价法。
- ❖ 常用的产品定价策略。

能力要点

- ❖ 树立正确的价格观念，熟悉影响价格的主要因素。
- ❖ 掌握常见的几种定价方法和定价策略。

引例6

位于深圳的异彩珠宝店，专门经营由少数民族手工制作的珠宝首饰，位于游客众多、风景秀丽的华侨城（周围有著名的旅游景点世界之窗、民俗文化村、欢乐谷等），生意一直比较稳定。客户主要来自两部分：游客和华侨城社区居民（华侨城社区在深圳属于高档社区，生活水平较高）。

几个月前，珠宝店店主易麦克特（维吾尔族）进了一批由珍珠质宝石和银制成的手镯、耳环和项链的精选品。与典型的绿松石造型中的青绿色调不同的是，珍珠质宝石是粉红色略带大理石花纹的颜色。就大小和样式而言，这一系列珠宝中包括了很多种类。有的珠宝小而圆，样式很简单，而有的珠宝要大一些，样式别致、大胆。不仅如此，该系列还包括了各种传统样式的由珠宝点缀的丝制领带。

与以前的进货相比，易麦克特认为这批珍珠质宝石制作的首饰的进价还是比较合理的。他对这批货十分满意，因为它比较独特，可能会比较好销。在进价的基础上，加上其他相关的费用和平均水平的利润，他定了一个价格，觉得这个价格应该十分合理，肯定能让顾客觉得物超所值。

这些珠宝在店中摆了一个月之后，销售统计报表显示其销售状况很不好，易麦克特十分失望，不过他认为问题原因并不是在首饰本身，而是在营销的某个环节没有做好。于是，他决定试试在中国营销传播网上学到的几种营销策略。比如，令店中某种商品的位置有形化往往可使顾客产生更浓厚的兴趣。因此，他把这些珍珠质宝石装入玻璃展示箱，并将其摆放在该店入口的右手侧。可是，当他发现位置改变之后，这些珠宝的销售情况仍然没有什么起色。

他认为应该在一周一次的见面会上与员工好好谈谈了。他建议销售小姐花更多的精力来推销这一独特的产品系列，并安排了一个销售小姐专门促销这批首饰。他不仅给员工们详尽描述了珍珠质宝石，还给他们发了一篇简短的介绍性文章，以便他们能记住并讲给顾客。但是这个方法也失败了。

就在此时，易麦克特准备外出选购产品。因对珍珠质宝石首饰销售额下降感到十分失望，他急于减少库存以便给更新的首饰腾出地方来存放。他决心采取一项重大行动，选择将这一系列珠宝半价出售。临走时，他给副经理匆忙地留下了一张字条。告诉她："调整一下那些珍珠质宝石首饰的价格，所有的都×1/2。"

当他回来的时候，易麦克特惊喜地发现该系列所有的珠宝已销售一空。"我真不明白，这是为什么？"他对副经理说，"看来这批首饰并不合顾客的胃口。下次我在新添宝石品种的时候一定要慎之又慎。"而副经理对易麦克特说，她虽然不懂为什么要对滞销商品进行提价，但她惊诧于提价后商品出售的速度惊人。易麦克特不解地问："什么提价？我留的字条上是说价格减半啊。""减半？"副经理吃惊地问，"我认为你的字条上写的是这一系列的所有商品的价格一律按双倍计。"结果，副经理将价格增加了一倍而不是减半。

事情的发展出乎意料，这些珠宝竟然以原价两倍的价格卖出，而且出售得还那么快。在这一章，我们来揭开这个问题的奥秘。

6.1 影响价格的因素

在市场营销活动中，价格直接影响消费者的购买行为和动机。虽然随着经济的发展影响消费者购买选择的非价格因素上升，但是我国毕竟是发展中国家，价格的高低仍是影响消费者购买行为的主要因素。

从企业因素来分析，市场营销由四个基本要素组成，即产品、促销、分销渠道和价格。企业通过前三个要素在市场中创造价值，通过价格从创造的价值中获取收益。在市场营销组合中，价格是唯一能产生收入的因素，其他因素表现为成本。价格也是市场营销组合中最灵活的因素，它与产品特征和销售渠道不同，它的变化是异常迅速的。因此，价格策略是企业市场营销组合的重要因素之一，它直接决定着企业市场份额的大小和盈利水平的高低。随着市场营销环境的日益复杂，制定价格的难度越来越大，不仅要考虑成本补偿问题，还要考虑消费者的接受能力和竞争状况。

6.1.1 价格的含义

商品价格是商品价值的货币表现形式，是商品经济中价值规律赖以发生作用的形式。价格的高低主要取决于商品的价值，即生产这种商品所花费的社会必要劳动量。企业要制定科学合理的价格，首先必须了解价格的构成，即价格由哪些因素构成。

通常价格由生产成本、流通费用、利润和税金构成。

（1）生产成本

在商品生产中，必须支出物质消耗和劳动报酬。在正常情况下，每个企业在出售商品时应该收回这两部分支出，否则企业的再生产就会发生困难。

生产成本是制定价格的最低界限，企业只有把生产过程中发生的物质消耗支出和劳动报酬支出补偿回来，才能使生产不断地进行下去，保证企业的简单再生产。如果一个企业的产品价格低于其生产成本，就会导致企业的亏损，甚至倒闭。因此，成本是制定价格的最低界限。

（2）流通费用

流通费用是指商品从生产领域到消费领域转移过程中，所发生的各种费用。它包括商品从产地到销地之间的运输费用，商品在流通过程中的保管、挑选、整理、分类、包装，以及由商品营销活动和管理核算业务活动所引起的一系列开支。这些费用构成了商品价格中的流通费用。

（3）利润

补偿商品的生产成本及流通费用后剩下的就是价格中的利润和税金。可以理解为利润是商品价格与生产成本、流通费用和税金之间的差额。

利润包括生产利润和商业利润。工业品价格中的生产利润称为工业利润。商品销售价格减去商业进货价格和商品流通费用后的余额，称为商业利润。

利润水平是反映企业经济活动效果好坏的重要指标，直接关系到国家、企业、职工的利益。因此，利润大小必须合理，而且工商企业之间要合理地分配。

（4）税金

税金是企业向国家依照税法的规定，需要缴纳的一部分企业纯收入，是价格构成的重要因素。国家通过规定不同行业和产品的合理税率，能起到调节生产规模、企业利润和价格的作用。

价格构成的四要素是互相联系、互相制约的，其中任何一个要素的变化，都会引起价格的变化。如果价格在一定时期是不变的，那么生产成本、流通费用的增减，直接决定着利润的高低。在市场经济条件下，企业作为独立的商品生产者和经营者，可以独立自主地自由定价，因此，价格是市场营销组合的可控变数之一。

6.1.2 价格弹性

价格弹性（Price Elasticity）是衡量由于价格变动引起数量变动的敏感度指针，价格弹性又分为需求价格弹性与供给价格弹性等，下面主要学习需求价格弹性。

需求价格弹性是指商品的需求量对其价格变动的反应程度。

需求规律表明，一种物品的价格下降会使该种物品的需求量增加。如果一种物品的需求量对价格变动的反应大，可以说这种物品的需求是富有弹性的。反之，需求是缺乏弹性的。

简单地说，如果商品价格发生微小变动，需求量几乎不变，称为这种商品需求无弹性或缺乏弹性；如果价格的微小变动使需求量的变化较大或很大，称为需求弹性大。

需求价格弹性的大小取决于以下基本要素：

① 商品的可替代程度。一般来说，如果某产品存在很接近的替代品的数量越多，其需求价格弹性越大。

② 商品满足需要的属性。一般来说，奢侈品需求对价格是有弹性的，而必需品则是缺乏弹性的。

③ 占收入的比重。一般来说，在其他条件不变的情况下，某种商品的支出在人们的预

算中所占的比例越大，该商品的需求价格弹性越大。

④ 时间因素。计算某种商品价格弹性系数所考虑的时间越长，其系数越大。

6.1.3 影响产品定价的因素

影响产品定价的因素很多，有企业内部的因素，也有企业外部的因素；有主观的因素，也有客观的因素。概括起来，大体上有产品成本、市场需求、竞争因素和其他因素四个方面。

1．产品成本

马克思主义理论告诉人们，商品的价值是构成价格的基础。显然，对企业的产品定价来说，成本是一个关键因素。企业产品定价以成本为最低界限，产品价格只有高于成本，企业才能补偿生产上的耗费，从而获得一定的利润。但这并不排除有时某些个别产品存在价格低于成本的情况。

在实际工作中，产品的价格是根据成本、利润和税金三部分来制定的。成本可分解为固定成本和变动成本。产品的价格有时是由总成本决定的，有时仅由变动成本决定。

成本又可分为社会平均成本和企业个别成本。就社会同类产品市场价格而言，主要受社会平均成本影响。在竞争很激烈的情况下，企业个别成本高于或低于社会平均成本，对产品价格的影响不大。

根据统计资料显示，目前工业产品的成本在产品出厂价格中平均约占70%。一般来讲，仅就价格数量比例而言，成本是构成价格的主要因素。如果就制定价格时要考虑的重要因素而言，成本无疑也是最重要的因素之一。因为价格如果远高于成本，有失社会公平；如果价格远低于成本，不可能维持长久。

2．市场需求

产品价格除受成本的影响外，还受市场需求的影响，即受商品供给与需求的相互关系的影响。当商品的市场需求大于供给时，价格应高一些；当商品的市场需求小于供给时，价格应低一些。反过来，价格变动影响市场的需求总量，从而影响销售量，进而影响企业目标的实现。因此，企业制定价格就必须了解价格变动对市场需求的影响程度，反映这种影响程度的一个指标就是商品的价格需求弹性系数。

3．竞争因素

市场竞争也是影响价格制定的重要因素。根据竞争程度的不同，企业定价策略会有所不同。按照市场竞争程度，可以分为完全竞争、不完全竞争与完全垄断三种情况。

（1）完全竞争

完全竞争也称自由竞争，它是一种理想化了的极端情况。在完全竞争条件下，买方和卖方都大量存在，产品都是同质的，不存在质量与功能上的差异，企业自由地选择产品生产，买卖双方能充分地获得市场情报。

在这种情况下，无论是买方还是卖方都不能对产品价格进行影响，只能在市场既定价格下从事生产和交易。

（2）不完全竞争

不完全竞争介于完全竞争与完全垄断之间，它是现实中存在的典型的市场竞争状况。在不完全竞争条件下，最少有两个以上买方或卖方，少数买方或卖方对价格和交易数量起着较大的影响作用，买卖各方获得的市场信息是不充分的，他们的活动受到一定的限制，而且他们提供的同类商品有差异，因此，他们之间存在一定程度的竞争。

在不完全竞争情况下，企业的定价策略有比较大的回旋余地，既要考虑竞争对象的价格策略，也要考虑本企业定价策略对竞争态势的影响。

（3）完全垄断

完全垄断与完全竞争相反，是指一种商品的供应完全由独家控制，形成独占市场。在完全垄断竞争的情况下，交易的数量与价格由垄断者单方面决定。完全垄断在现实中也很少见。

4．其他因素

企业的定价策略除受成本、需求以及竞争状况的影响外，还受到其他多种因素的影响。这些因素包括政府或行业组织的干预、消费者习惯和心理等。

（1）政府或行业组织的干预

政府为了维护经济秩序，或为了其他目的，可能通过立法或者其他途径对企业的价格策略进行干预。政府的干预包括规定毛利率、规定最高和最低限价、限制价格的浮动幅度或者规定价格变动的审批手续、实行价格补贴等。

（2）消费者习惯和心理

价格的制定和变动在消费者心理上产生的反应也是制定价格策略必须考虑的因素。在现实生活中，很多消费者存在“一分钱、一分货”的观念。面对不太熟悉的商品，消费者常常从价格上判断商品的好坏，从经验上把价格同商品的使用价值挂钩。消费者心理和习惯上的反应是很复杂的，某些情况下会出现完全相反的反应。例如，在一般情况下，涨价会减少购买，但有时涨价会引起抢购，反而会增加购买。

6.2 定价的主要方法

企业最常用的定价法有成本导向定价法、需求导向定价法和竞争导向定价法三种。

6.2.1 成本导向定价法

成本导向定价法是以产品的成本为中心，制定对企业最有利的价格的一种定价方法，包括成本加成定价法、变动成本定价法、盈亏（收支）平衡定价法。

1．成本加成定价法

成本加成定价法是一种最简单的定价方法，即在产品单位成本的基础上，加上预期利润作为产品的销售价格。售价与成本之间的差额就是利润。由于利润的多少是有一定比例的，这种比例就是人们俗称的“几成”，因此这种方法就称为成本加成定价法。采用这种定价方式，一要准确核算成本；二要确定恰当的利润百分比（即加成率）。在这种定价方法下，把所有为生产某种产品而发生的耗费均计入成本的范围，计算单位产品的变动成本，合理分摊相应的固定成本，再按一定的目标利润率来决定价格。

计算公式为：

单位产品价格=单位产品总成本×（1+目标利润率）

例如，某电视机厂生产2 000台彩色电视机，总固定成本为600万元，每台彩色电视机的变动成本为1 000元，确定目标利润率为25%。则采用总成本加成定价法确定价格的过程如下：

单位产品固定成本：6 000 000元÷2 000台=3 000元/台

单位产品变动成本：1 000元/台

单位产品总成本：4 000元/台

单位产品价格：4 000元/台×（1+25%）=5 000元/台

采用成本加成定价法，确定合理的成本利润率是一个关键问题，而成本利润率的确定，必须考虑市场环境、行业特点等多种因素。某一行业的某一产品在特定市场以相同的价格出售时，成本低的企业能够获得较高的利润率，并且在进行价格竞争时可以拥有更大的回旋空间。

2. 变动成本定价法

变动成本定价法也称边际贡献定价法。边际贡献就是销售收入减去变动成本后的差额。如果用单位产品表示，就是单位边际贡献等于单价减去单位变动成本。这种定价方法的要点为：只要单价大于单位变动成本，也就是说，只要边际贡献大于零，这样的价格就是生产企业可以接受的。

在变动成本定价法中，只计算变动成本，暂时不计算固定成本，而以预期的边际贡献补偿固定成本并获得利润。

例如，某企业生产某产品的能力为10000台，固定成本为1200000元，国内只接到订货8 000台，售价1 000元。经核算只够保本，现有一外商洽谈订货2 000台，要求把价格降低到920元，请确定该订货是否可以接受，如接受，利润有何变化？

销售量（Quantity，Q）：8 000台；

产品单价（Price，P）：1 000元/台；

固定成本（Fixed Cost，FC）：1 200 000元；

变动成本（Variable Cost，VC）：因为P×Q=FC+VC×Q，Q=FC/（P–VC），所以VC=P–FC/Q=1 000元/台–1200000元/8000台=850元/台。

由于第二次订货的价格（P）为920元，大于变动成本（VC=850元），故该项订货可以接受。

由于（920元/台–850元/台）×2000台=140000元，因此，如果接受订货，利润比原来增加140 000元。本例也可以按另外一种方法计算。如果不接受订货，利润为零。现在计算接受后的总利润，它应该等于总销售收入减去固定成本和变动成本之后的差额。

总利润=总销售收入–固定成本–变动成本

=（1000元/台×8000台+920元/台×2 000台）–1200000元–850元/台×（8000台+2000台）

=140000元

结论：企业可以接受的价格为P>VC。

3. 盈亏（收支）平衡定价法

盈亏（收支）平衡定价法也称保本点定价法，这种方法是企业按照生产某种产品的总成本和该产品的销售收入保持平衡的原则来制定产品的价格。

简单地说，收支平衡定价法就是利用收支平衡点来确定价格的水平，即销售量在某一数量时，价格应定到什么水平，企业才保证不发生亏损；反过来说，已知价格在某一水平时，该产品应销售多少，才能保本。因此，主要问题是计算总收入和总成本相等的保本点。

例如，某产品固定成本（FC）为100 000元，单位产品的变动成本（VC）为10元/件，如果销售量（Q）为2 500件时，价格（P）最少定多少，企业才不会亏损？

因为 $P\times Q=FC+VC\times Q$，$P=FC/Q+VC$，将以上数量代入后得出：

价格应至少为50元/件。

如果售价（P）为30元/件时，销售量（Q）达到多少，企业才不会亏损？

因为 $Q=FC/(P-VC)$，将固定成本（FC）和变动成本（VC）的数量代入后得出：

销售量至少达到5 000件。

收支平衡优点：企业易于采用，还能灵活掌握价格水平。

目标利润定价法和成本加成定价法都是成本导向的定价方法。

6.2.2 需求导向定价法

常用的需求导向定价法有以下两种。

1. 市场认可价值定价法

市场认可价值定价法就是公司首先通过市场研究该产品由于质量、服务、广告宣传等因素在顾客心目中所形成的价值，根据顾客所认可的产品价值，而不是靠卖主的成本定价来确定产品的售价。市场认可价值定价法的关键在于，公司要对顾客承认的产品价值有一个正确的估计和判断。公司要进行市场调查，找到准确的顾客认可价值。

市场认可价值定价法的关键在于，公司要对顾客承认的产品价值有一个正确的估计和判断。

2. 需求差异定价法（需求差别定价法）

需求差异定价法就是根据市场对产品的需求强度不同而定出不同的价格。价格的差别并不和成本成比例。所谓需求强度是指对某种产品需求的迫切程度。需求差别定价法的主要形式有以下几种。

（1）以顾客为基础的差别价格

公司对同一种产品，根据顾客的需求强度不同和专业程度的不同，而定出不同的价格。例如，供电公司对民用电收费高，因为其需求弹性小；对工业用电收费低，因为其需求弹性大。如果对工厂的收费高于厂内发电设备运转的费用，工厂就会自己发电。

（2）以产品改进为基础的差别价格

对一项产品的不同型号确定不同的价格，但是价格上的差别并不和成本成比例。

以产品改进为基础的差别定价是需求差别定价法的一种，是对一项产品的不同型号确定不同的价格，但是价格上的差别并不和成本成比例。有三种洗衣机分别为A型、B型、C型。A型是普及型洗衣机、单缸，成本为150元，售价为180元。B型洗衣机，带甩干筒，双缸，成本为200元，售价为400元。C型洗衣机，带甩干筒，全自动，成本为400元，售价为850元。这三种型号的洗衣机因为成本不同，当然售价要有所不同，但是后面的两种型号，较高售价不仅反映了更多的生产成本，而且反映了更大的顾客需求强度。但有时候，成本高的产品，毛利率反而低，而简易型的产品毛利率反而高。

（3）以地域为基础的差别价格

根据同一种产品在不同的地理位置的市场存在不同的需求强度，定出不同的价格。但需注意的是，定价的差别并不和运费成比例。例如，我国出口的传统产品茶叶、生丝、桐油等在国际市场上的需求旺盛，我们定价就应该比国内高得多。再如，旅游点和名胜古迹地区的宾馆、饮食，定价通常也高于一般地区。

（4）形象定价

同样的产品采用不同的包装后，定出的价格不同。例如，同样的白酒，加上精致的包装盒，价格就会高出一倍甚至更多。

（5）时间定价

时间定价是指价格随季节、日期或钟点的变化而变化。当产品的需求随着时间的变化而有所变化时，对同一种产品在不同的时间段应制定不同的价格。例如，长途电话在周末、节假日和工作日的收费不同；不同的旅游季节，旅游点的门票及宾馆住宿费用也会发生变化等。

6.2.3 竞争导向定价法

所谓竞争导向定价法是指完全根据竞争的需要，以竞争者的价格作为定价基础，充分考虑本企业产品的竞争能力，选择有利于在市场竞争中获胜的定价方法。

常见的竞争导向定价法有随行就市定价法和渗透定价法。

1. 随行就市定价法（流行水准定价法）

随行就市定价法（流行水准定价法）是根据本行业平均定价水平作为本企业定价标准的一种定价方法。公司产品的价格与同类产品保持平均水准，因此，也叫流行水准定价法。这种方法用于企业难以对顾客和竞争者的反应作出准确的估计，自己又难以另行定价的情况，主要适用于同质产品，如食品、纸张、钢铁、肥料等。

随行就市定价法容易与同行业和平共处，并且易于集中本行业的智慧，获得合理的收益，少担风险。

在完全竞争的市场条件下，因为产品价格完全是由市场自发形成的，某个公司如果把价格定得高于流行价格，就会失去市场和顾客；同时，也没有必要把价格定得低于流行价格，因为在流行水准的价格水平时，产品就可以达到满意的销售水平。因此，经营同质产品的公司只能毫无选择地按流行水准定价，毫无定价策略可言。

2. 渗透定价法

所谓渗透定价法，是指把产品的价格定得比流行价格水准要低，但是，并不像倾销价格那样相差悬殊，而且着眼于维持一个较长的时间，并有可能作进一步的下降，以应对竞争形势变化的价格。

渗透定价法是以打进新市场或扩大市场占有率、巩固市场地位为目标的定价策略，其显著特点是价格偏低，低到什么程度完全根据竞争形势的需要，而不顾成本。采用这种定价策略时，成本和利润要在较长的时间才能收回。

6.3 定价策略

价格是公司经营者最重要的决策之一，公司的市场营销人员需要分析诸多影响因素，然后再选择一种初始定价方法。公司首先要确定从特定的产品中实现什么目标，如果目标市场和市场定位已经选择好，定价就容易了。

6.3.1 企业的定价目标

定价目标是指企业通过制定产品价格，所要达到的预期目的。它是企业选择定价方法和制定价格的依据，是企业制定价格的首要因素及出发点，是价格决策中最高层次的决策。

不同的定价目标，会导致企业制定不同的价格。可供企业选择的定价目标是多种多样的，因此，企业在定价时应对定价目标加以合理取舍。企业通过定价可以实现的目标如图 6-1 所示。

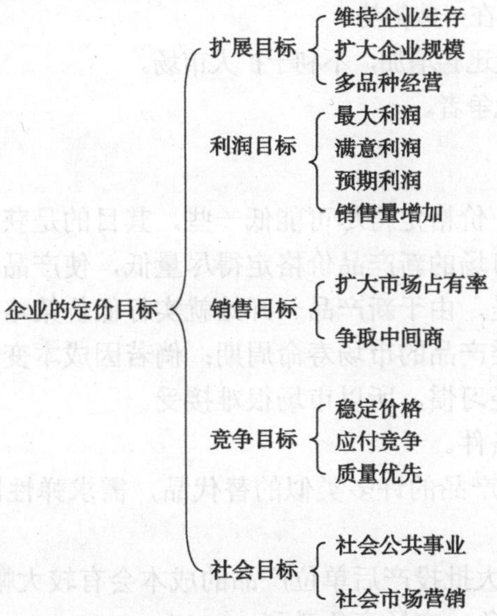

图 6-1 企业的定价目标

企业的定价目标是以满足市场需要和实现企业盈利为基础的，它是实现企业经营总目标的保证和手段。同时，又是企业选择定价策略和定价方法的依据。

6.3.2 产品定价策略

1. 新产品定价策略

有专利保护的新产品的定价可采用撇脂定价法和渗透定价法。

（1）撇脂定价法

撇脂定价法就是企业利用新产品的特点和尚无竞争对手的有利条件，将其价格尽可能定高，力争在短期内赚取更多利润，尽快收回投资，这种定价法是对市场的一种榨取，如同从牛奶中撇取奶油一样，因此起名撇脂定价法。

撇脂定价法追求在短期内获得最大利润，运用它可以迅速补偿研究与开发的费用，获取高额利润，并掌握调价的主动权。但定价偏离价值会损害消费者的利益，不利于市场开拓；高定价易诱发盲目竞争，盲目发展，造成不必要的浪费。因此，一般采取这种策略应具备的条件有以下三个方面。

① 没有类似替代品，价格需求弹性小。

② 有足够的消费者能够接受这种高价格并愿意购买。

③ 竞争者在短期内不易打入该产品市场。

撇脂定价法能在很短的时间获得最大的利润。因此，它的优势有以下四个方面。

① 能尽快收回新产品投资，并在短期内获利。

② 以高价格树立优质产品形象。在新产品上市时，顾客对其无理性认识，利用较高价格可以提高身价，适应顾客的求新心理，有助于开拓市场。

③ 主动性大，为今后降价创造条件。产品进入成熟期后，价格可分阶段逐步下降，有利于吸引新的购买者。

④ 价格高，限制需求量迅猛增加，使其与生产能力相适应。

但撇脂定价法也同样存在一些劣势。

① 价格高，限制需求量迅猛增加，不利于扩大市场。

② 获利大，很快招来竞争者。

（2）渗透定价法

在新产品投放市场时，价格定得尽可能低一些，其目的是获得最大销售量和最大市场占有率。这种方法是将投入市场的新产品价格定得尽量低，使产品迅速打开和扩大市场，对竞争者的加入予以排斥。但是，由于新产品一开始就实行低价策略，往往会影响本企业同类旧产品的销量，从而缩短同类产品的市场寿命周期；倘若因成本变化等原因需要提高价格时，因为前期的低价消费者已经习惯，所以市场很难接受。

采取这种策略有三个条件。

① 市场上已经有这种产品的许多类似的替代品，需求弹性比较大，目标市场对价格比较敏感。

② 企业的资金雄厚，大批投产后单位产品的成本会有较大幅度的下降。

③ 新产品没有显著特色，市场竞争激烈。

采取市场渗透定价法，有以下一些优势。

① 可以迅速占领市场。因为产品价格低廉，所以能迅速为市场所接受，打开销路，增加产量，使成本随生产发展而下降。

② 可以有效限制竞争者的加入。因为产品低价薄利，使一般的竞争者望而却步，不敢贸然进入。这样在一定时期内，可以减缓竞争，获得一定的市场优势。

对于企业来说，采取撇脂定价法还是渗透定价法，需要综合考虑市场需求、竞争、供给、市场潜力、价格弹性、产品特性、企业发展战略等因素。

2．心理定价策略

商品进入流通环节后，只有被消费者购买，才算销售出去。消费者的购买行为是受其消费心理等多种因素支配的。所以，企业在确定价格策略时，应针对消费者心理，制定出有吸引力的价格。心理定价策略是根据消费者的消费心理来定价的，有以下几种方法。

（1）尾数定价

尾数定价就是在制定产品价格时，以零头尾数结尾。根据心理学研究，消费者习惯上乐于接受尾数价格而不喜欢整数价格，如19元的商品销量远比20元的销量多。

许多商品的价格，宁可定为0.98元或0.99元，而不定为1元，是适应消费者购买心理的一种取舍，尾数定价使消费者产生一种“价廉”的错觉，比定为1元反应积极，促进销售。

（2）整数定价

整数定价与尾数定价方法正好相反，它不是为了给人以低廉的感觉，而是有意把价格定成整数，以显示商品的名贵。所以，整数定价法是指企业在制定价格时，将产品价格以整数结尾的定价方法。整数定价法适用于高档消费品或有特色的商品，尤其在购置贵重商品时，它是迎合消费者认为较高价格意味着较高质量的求贵心理，给人“一分钱、一分货”的感觉，如钢琴、家电等产品的定价常采用这种方法。

（3）声望性定价

声望性定价是针对消费者求名的心理动机而采取的定价。一个品牌的商品成了名牌，消费者对它产生了信任，价格就可以定得高一些，这就是声望性定价。尤其是具有声望价值的商品，如贵重首饰、文物古玩、高级礼品等常采用这种定价方法。

（4）习惯性定价

一些日用品由于消费者经常购买形成一种习惯价格，即消费者习惯于按此价格购买，如打火机、肥皂、雪糕等。其价格家喻户晓，这类商品价格不能轻易、频繁地变动，而应该按照习惯定价，否则会引起消费者的不满。

3. 折扣和折让定价策略

大多数企业通常都酌情调整其基本价格，以鼓励顾客及早付清货款、大量购买或增加淡季购买，这种价格调整叫做价格折扣和折让。

（1）现金折扣

现金折扣是公司为了加速资金周转，给尽快付清货款的买主的一种减价措施。因为货款回收慢会增加资金占用和坏账风险，因此，为了加速资金周转和减少风险，通过现金折扣鼓励买方及早付款。

许多行业习惯采用此法以加速资金周转，特别是在西方很流行，用以减少收账费用和坏账。

（2）数量折扣

数量折扣是企业给那些大量购买某种产品的顾客的一种折扣，以鼓励顾客购买更多的货物。企业会根据顾客每一次或一定时间内的商品交易数量或金额的大小，分别给予对方不同的价格待遇，以此鼓励顾客大量购买，而大量购买又能使企业降低生产、销售等环节的成本费用，增加利润。例如，顾客购买某种商品100个以下，每个10元；购买100个以上，每个9元。

数量折扣是公司给大量购买的顾客的一种减价措施。购买越多，折扣越大，以鼓励顾客大量购买。

（3）职能折扣

职能折扣也叫贸易折扣，是指当贸易渠道的成员愿意执行一定的职能时，如销售、储存等，制造商给予中间商的一种额外折扣方法，使中间商可以获得低于目录价格的价格。例如，某制造商向零售商报价为100元，折扣为40%及10%。就是说该产品零售价为100元，而零售商的成本为100元×（1–40%）=60元，批发商的成本为60元×（1–10%）=54元。

（4）季节折扣

季节折扣适用于季节性强的商品，生产商利用这种折扣鼓励批发商、零售商早期购货，以减少自己的资金负担和仓储费用，并有利于均衡生产。

例如，旅馆、旅行社和航空公司，在旅游淡季给顾客一定的折扣优惠，目的是使自己的资金、设备能充分利用，提高经济效益。

季节折扣是企业鼓励顾客淡季购买的一种减让措施，使企业的生产和销售一年四季都能保持相对稳定。

4. 差别（歧视）定价策略

企业往往根据不同顾客、不同时间和场所来调整产品价格，实行差别定价，即对同一产品或服务定出两种或多种价格，但这种差别不反映成本的变化，主要有以下几种形式。

（1）顾客细分定价

企业把同一种商品或服务按照不同的价格卖给不同的顾客。例如，公园、旅游景点、博物馆将顾客分为学生、年长者和一般顾客，对学生和年长者收取较低的费用；铁路公司对学生、军人售票的价格往往低于一般乘客；自来水公司根据需要把用水分为生活用水、生产用水，并收取不同的费用；电力公司将电分为居民用电、商业用电、工业用电，对不同的用电收取不同的电费。

（2）产品形式差别定价

企业按产品的不同型号、不同式样，制定不同的价格，但不同型号或式样的产品其价格之间的差额和成本之间的差额是不成比例的。比如，33寸彩电比29寸彩电的价格高出一大截，可其成本差额远没有这么大；一条裙子定价70元，成本为50元，可是在裙子上绣一组花，追加成本为5元，但价格却可定到100元。

（3）形象差别定价

有些企业根据形象差别对同一产品制定不同的价格。这时，企业可以对同一产品采取不同的包装或商标，塑造不同的形象。如香水商可将香水放入一只普通瓶中，赋予某一品牌和形象，售价为20元；而同时用更华丽的瓶子装同样的香水，赋予不同的名称、品牌和形象，定价为200元。或者用不同的销售渠道、销售环境来实施这种差别定价。如某商品在廉价商店低价销售，但同样的商品在豪华的精品店可高价销售，辅以针对个人的服务和良好的售货环境。

5. 竞争性调价策略

企业在产品价格确定后，由于客观环境和市场情况的变化，往往会对价格进行修改和调整。

（1）降价

企业在出现以下情况时必须考虑降价。

① 企业生产能力过剩、产量过多，库存积压严重，市场供过于求，运用其他营销手段

难以打开销路，只能以降价来刺激市场需求。

② 面对竞争者的“削价战”，企业不降价将会失去顾客或减少市场份额，为了能在竞争中获胜，利用降低价格来扩大市场占有率。

③ 科学技术不断进步，劳动生产率不断提高，生产成本逐步下降，其市场价格也相应降低。

降价往往会引起同业者的不满，引发价格竞争。因此，当遇到市场商品供过于求时，企业首先应千方百计地改进产品，努力推出适销对路的产品，不到万不得已时，决不能轻易降价竞销。

（2）提价

提价一般会遭到消费者和经销商的反对，但出现以下情况时不得不提高价格。

① 通货膨胀。物价普遍上涨，企业生产成本必然增加，为保证利润，不得不提高价格。

② 产品供不应求。在这种情况下，提价一方面可以使买方之间展开激烈竞争，争夺货源，为企业创造有利条件；另一方面也可以抑制需求过快增长，保持供求平衡。

企业在对产品进行价格调整时，应该慎重。在同质产品市场，如果竞争者降价，企业必随之降价，否则企业会失去顾客。某一企业提价，其他企业也随之提价（如果提价对整个行业有利），但如有一个企业不提价，最先提价的企业和其他企业将不得不取消提价。

在异质产品市场，购买者不仅要考虑产品价格的高低，还要考虑质量、服务、可靠性等因素，因此购买者对较小价格差额无反应或反应不敏感。面对竞争者价格调整，企业在作出反应时，首先必须分析：竞争者调价的目的是什么？调价是暂时的，还是长期的？能否持久？企业面临竞争者应权衡得失：是否应作出反应？如何反应？另外还必须分析价格的需求弹性，产品成本和销售量之间的关系等复杂问题。

企业要作出迅速反应，最好事先制定反应程序，到时按程序处理，提高反应的灵活性和有效性。

本章小结

企业定价目标的选择，应当建立在需要与可能的基础上，坚持全局观念，保持各自目标的一致性，并视具体情况及时加以更改。在不同的目标下，应根据实际情况，选择适当的定价方法和价格策略。影响企业产品定价的主要因素有：产品成本、市场供求情况、竞争因素、国家政策以及消费者行为等。定价的主要方法有：成本加成定价法、变动成本定价法、盈亏（收支）平衡定价法、市场认可价值定价法、需求差别定价法、随行就市定价法和渗透定价法。企业在选择定价策略时，对于新、旧产品可采用不同的定价、调价策略，实行心理定价策略和折扣定价策略，也会有利于产品销售。

习题 6

1．什么是价格？

2．影响产品价格的因素有哪些？

3．企业常用的定价方法有哪些？

4．常用的企业定价策略和技巧有哪些？比较每种定价策略应具有的条件和优缺点。.

案例分析6——推销怪才巧定价格

吉诺·鲍洛奇是20世纪70年代的美国食品零售业大王，他的一生给我们留下了无数宝贵的商战传奇。

鲍洛奇认为，以降价促进销售、击垮竞争对手，是零售业一种重要的销售手段，也是他常用的一种手段。但是，他绝不一味地搞降价销售。如果产品的品质的确比别人高出一头的话，按优质优价的原则，价格当然要比别人高。再者，有许多因素促使顾客购买某件商品，一件商品定价与别人雷同，是不能吸引顾客的注意力的，哪怕定价稍高，若消费者体现出物有所值的道理，一样会趋之若鹜的。

鲍洛奇深知，优质高档产品所带来的利润是低档产品所无法比拟的，高档高价便有所回报。所以，鲍洛奇绞尽脑汁，在怎样才能使顾客对其产品形成高档产品形象上大做文章。

一方面，他在产品的品质和广告宣传上下功夫。鲍洛奇曾生产一种中国炒面，为了给人耳目一新的感觉，他在口味上大动脑筋，以浓烈的意大利调味品将炒面的味道调得非常刺激，形成了一种独特的中西结合的口味，生产出了优质的中国炒面。同时，使得第一流的包装和新颖的广告展开大规模的宣传攻势，打出"中国炒面是三餐之中最高雅的享受"的口号，将中国炒面暗示成家庭财富和社会地位的象征。鲍洛奇这一做法相当成功。他把注意力主要集中在了大量中等收入的家庭上。他认为，中等收入的家庭，一般都讲究面子，他们买东西固然希望物美价廉，但只要有特色，哪怕价钱贵一些，他们也认为物有所值，他们是中国食品生意的主要对象。所以针对他们的心理，鲍洛奇在包装和宣传上花了很多精力。果然不出所料，中产家庭的主妇们皆以选购中国炒面为荣，尽管鲍洛奇的定价很高，她们依然不以为贵。

另一方面，鲍洛奇很会揣摩顾客的心理，常常利用较高的价格吸引顾客的注意力。由于新产品投放市场之初，消费者对这种相对高价格商品的品质充满好奇，很容易就激发了他们的购买欲，并且，一种产品的定价较高，可以为其他产品的定价腾出灵活的空间，企业就能占据主动。当然，这一切都是建立在产品的品质的确不同凡响的基础上的。有一次，鲍洛奇生产的一种蔬菜罐头上市的时候，由于别的厂商同类产品的价格几乎全在每罐5角钱以下，所以公司的营销人员建议将价格定在4角7分到4角8分之间。但鲍洛奇却将价格定在5角9分。一下子提高了20%！鲍洛奇向销售人员解释说，5角钱以下的类似商品已经非常之多，顾客们已经根本感觉不到每一种商品有什么特别，并在心理上潜意识地认为它们都是平庸的商品。如果价格定在4角9分，顾客自然会将之划入平庸之列，而且还认为你的价格已尽可能地定高，你已经占尽了便宜，甚至产生一种受欺诈的感觉；若你的产品定价5角以上，立即就会被顾客划入不同凡响的高级货一类，定价至5角9分，既给人感觉与普通货的价格有明显的差别，从而品质也有明显差别，还给人感觉这是高级货中不能再低的价格了，从而使顾客觉得厂商很关照他们，顾客反而觉得自己占了便宜。经鲍洛奇这么一解释，大家恍然大悟，但总还有些将信将疑。后来在实际的销售中，鲍洛奇掀起了一场大规模促销行动，口号就是"让一分利给顾客"，于是更加强化了顾客心理中觉得占了便宜的感觉，蔬菜罐头的销售大获全胜。这5角9分的高价非但没有吓跑顾客，反倒诱惑了顾客选购的欲望，公司的营销人员不得不佩服鲍洛奇真正工于心计。

后来，随着鲍洛奇经营中国食品的成功，效仿者日益增多，这已对鲍洛奇的高价策略产生了严重威胁。即使这样，鲍洛奇也决定不轻易降低产品的价格。道理很简单，如果商品价格总是下降，谁还敢抢先购买这种产品呢？而且，高价商品降到低价商品的价格，在消费者心中还有什么信誉？顾客还会有一种被欺骗的感觉。一旦处于该产品积压的不利情况，许多平庸的商人都会选择降价推销的老套路，但鲍洛奇决不轻易如此，降低价格似乎永远不属于他思考的范围。那么，如何处理积压的产品呢？他采取赠送奖券、发放纪念品等形式，将产品堂而皇之地赠送给顾客。这样，既吸引了顾客，又保护了产品的定价。鲍洛奇的这种做法维护了自己的产品声誉，并为公司以后的发展留下了后路，是似拙实巧的一步妙棋。合理地运用定价艺术，使他在竞争中获得了相当大的主动权。

鲍洛奇是个不折不扣的推销天才，在他看来，推销根本就是一门艺术。有一个小例子可以进一步说明这位天才是如何善于用心。鲍洛奇有一批冷门的豌豆罐头。一次，他把许多老客户请到自己的办公室。大家一进门，见办公室里人来人往，忙碌的搬运工人进进出出地搬着豌豆罐头，各家公司的代表正在与鲍洛奇大声地争吵。把个办公室搞得乌七八糟。当然这是事先安排好的。鲍洛奇挥舞着手中的订单站在办公室里大声地叫喊取货人的名字。这些老客户正在犹豫不定之际，又听到其他人正纷纷议论马上就要涨价的消息。老客户们这才恍然大悟，随之也加入了抢购的队伍。就这样，不到一天，300 箱豌豆一抢而空，价钱比平常的时候还要高出一截，正好应验了涨价的传言。所有的一切在鲍洛奇的精心安排下，滴水不漏，天衣无缝。

【案例思考】

1. 鲍洛奇将产品价格定高的基础是什么？
2. 鲍洛奇为什么不轻易降价？

实训 6

课堂训练：运用价格策略

主　　题：亏本买卖要不要做？

课　　时：2 学时

地　　点：教室

过程设计：① 先将所有学员分组，各组先阅读、讨论老师所给的下述案例。

小张开了间网吧，每天要支付的固定成本（如房租等）为 100 元，变动成本（如人员的工资、水电等）为 60 元。最近店面前的马路在拓宽改造，到这里上网的人较少，因此，小张网吧每天的收入只有 100 元。扣除每天要支付的人员工资等变动成本 60 元，就只剩下 40 元了，而房租等固定成本却要 100 元。很明显，如果继续经营，小张每天要亏损 60 元；但如果不经营，房租合同还没到期。如果涨价，那么就没人来上网了。小张困惑了，这样的生意还能做吗？

② 请各组代表上讲台发言，并阐述自己的观点和理由。

③ 授课教师进行点评。

目　　的：① 理论联系实际，充分理解、掌握所学知识。

② 培养学生的团队精神和合作意识，激发学生的学习兴趣和参与意识。

③ 提高学生语言组织及表达能力，帮助学生克服性格障碍，并锻炼学生的沟通能力。

考核指标：① 对成本导向定价法的理解是否充分。

② 论据是否充分、准确。

③ 语言表达是否准确、有条理。

④ 动作、表情是否自然、大方。

建　　议：① 授课教师可根据学生具体情况适时进行点评。

② 由此延伸，可以加一些成本核算的内容。

③ 也可以组织不同观点的小组进行辩论。

实战演习：价格策略的探究

主　　题：要不要报团旅游

时　　间：2周（课外）

目　　的：① 通过市场调查了解各大旅行社旅游线路报价的变化规律。

② 理论联系实际，理解和掌握产品价格策略的原理和方法。

③ 调动学生自主学习的积极性，培养学生开展市场调查的能力。

④ 培养学生进行全面、深入地分析问题的能力。

实施方案：① 请同学们认真策划调查实施方案。

② 将全班分为若干小组。可以由老师分组，也可学生自由组合。

③ 调查时间为2周，学生可以根据具体情况安排调查活动。

④ 要求学生将最后得出的调查结论以调查报告的形式呈交，比较各小组的调查方法及结论。

建　　议：① 每组可选取某一旅游线路。

② 学生在调查时间的安排上可以选取淡季或旺季。

CHAPTER

7

第 7 章　分销渠道策略

知识要点

❖ 分销渠道的含义和作用。

❖ 分销渠道的构成。

❖ 分销渠道的管理。

能力要点

❖ 能够正确选择中间商。

❖ 能够有效地对分销渠道进行管理。

引例 7

戴尔计算机公司曾经是世界上最成功的网络直销的计算机公司。该公司于 1984 年由企业家迈克尔·戴尔创立，他是目前计算机业内任期最长的首席执行官。他的理念非常简单：按照客户要求制造计算机，并向客户直接发货，使戴尔公司能够更有效和更明确地了解客户需求，继而迅速地作出回应。

正是这种大胆的直接与客户接触的网络营销观念使得戴尔计算机成为 20 世纪 90 年代最成功的公司之一。这种革命性的举措和独到的先见之明已经使戴尔计算机公司成为全球领先的计算机系统直销商，跻身业内主要制造商之列。戴尔计算机公司的网址每周被顾客访问的次数超过 80 万次，戴尔计算机公司因此每天获得的平均收入超过 4 000 万美元，而 1997 年，这一数字只有 100 万美元。

今天，在美国，戴尔计算机公司是商业用户、政府部门、教育机构和消费者市场名列第一的主要个人计算机供应商。在亚太地区，该公司的业务覆盖了中国、澳大利亚、印度、印度尼西亚、韩国、马来西亚、新西兰、新加坡、菲律宾、泰国及亚太地区的其他国家和地区。在全球，这个公司在 34 个国家拥有 36 500 名员工。1999 年，戴尔计算机公司实现营业额 252.65 亿美元，比 1998 年的 182.43 亿美元增长 38%，净收入达 18.6 亿美元，成为全球名列第二、增长最快的计算机公司。

对于企业而言，研发、生产产品的最终目的是通过满足消费者需要而实现交换，而要实现交换就必须有一定的分销渠道。这就犹如人体为了维持新陈代谢，要把养分输送到全身的七经八脉而离不开的血管一样。本章主要讲述什么是分销渠道，分销渠道的构成，以及生产厂家应该如何选择销售渠道并对销售渠道进行科学的管理。

7.1 分销渠道的含义、作用和构成

7.1.1 分销渠道的含义

分销渠道，又称销售渠道、流通渠道，是指商品从生产者手中转移到消费者手中所经过的所有环节构成的途径。这些途径，可以是生产者自设的销售机构，可以是批发商、零售商、代理商以及中介机构等。在一个市场中，企业生产出产品，是为了满足消费者的需要。而这一切只有通过流通环节，才能实现其价值，保证企业再生产的顺利进行，以此在激烈的竞争中立于不败之地。所以，商品分销渠道就是联系生产者和消费者的桥梁和纽带。

7.1.2 分销渠道的作用

选择什么样的分销渠道对整个商品的流通起着至关重要的作用。再好的产品，如果不能到消费者手中，一切只能算是空谈（这也是物流业能够兴起的原因）。对消费者而言，没有满足需要；对生产者而言，也没有达到自己的销售目标，那么，企业如何才能实现自己的目标？

既然分销渠道在市场营销中占据着举足轻重的地位，那么，它在企业的生产过程中究竟发挥着怎样的作用呢？

1. 融资的作用

当厂家将产品卖给中间商而不用最终到达消费者手中，它就可将资金投入下一轮生产了，对于生产者而言，就起到了融资的作用。

2. 市场调查和寻找消费者的作用

生产者可以通过分销渠道了解到当前市场的需求，寻找合适的消费者并了解其要求。

3. 信息传递的作用

在这里，信息传递应是双向的，即分销渠道一方面要把企业的产品信息传递给消费者，并进行指导性购买和引导消费行为；另一方面要把消费者对产品的需求意见反馈给生产企业，使厂家按照市场需求来安排生产。

4. 营业推广和推销的作用

一般而言，每一条分销渠道都有自己稳定的客源、广泛的市场联系、训练有素的营销队伍以及专业化的促销手段，借助这些优势，生产企业可以有效地降低营销成本，提高销售效率。

5. 服务的作用

分销渠道作为厂家和消费者的桥梁和纽带，在销售环节上可代表生产商发挥售前、售中和售后的服务作用。需要特别指出的是，大多数耐用消费品依赖售后服务。尤其是价格昂贵、技术性强、使用寿命长的产品，其使用成本往往大于产品的购买价格，因此，消费者十分看重售后服务。但因生产商与消费者的空间距离较长，直接提供售后服务比较困难，就由分销

渠道发挥售后服务的作用。

分销渠道除上述作用外，根据其行业特点，还有其他作用。当然，并不是每个分销渠道都有以上所列的全部作用。一般来说，每个行业都有着自己的结构模式。

7.1.3　分销渠道的构成

分销渠道就是由一系列的销售机构所组成的。这一系列销售机构，通过分工协作，完成各自的任务，最终在满足消费者需要的同时，获得自己的利益。这些机构又被称为渠道成员，它们可以分为三类：第一类是生产企业本身所拥有的销售体系，它们在法律上和经济上都不独立于企业，如销售办事处；第二类是受企业约束的销售系统，这类组织成员在法律上独立，但经济上通过合同的形式受企业约束，如代理商；第三类是不受企业约束的销售系统，它们无论是在法律上还是在经济上都是独立的经济组织，必须首先以自己的资金购买产品，取得产品所有权，然后才能出售商品，如大多数批发商和零售商。

在商品经济条件下，每天都在进行着错综复杂、各种各样的商品交换活动。产品从生产者到消费者，企业可以有多种选择。但是，由于工业用品和消费品的产品性质、购买对象、消费方式以及竞争方式的不同，销售渠道的构成及特点也有差别。工业用品和消费品的主要分销渠道分别如图 7-1 和图 7-2 所示。

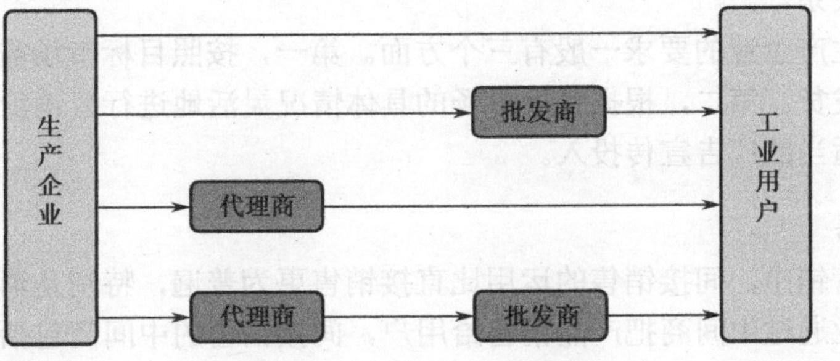

图 7-1　工业用品的分销渠道

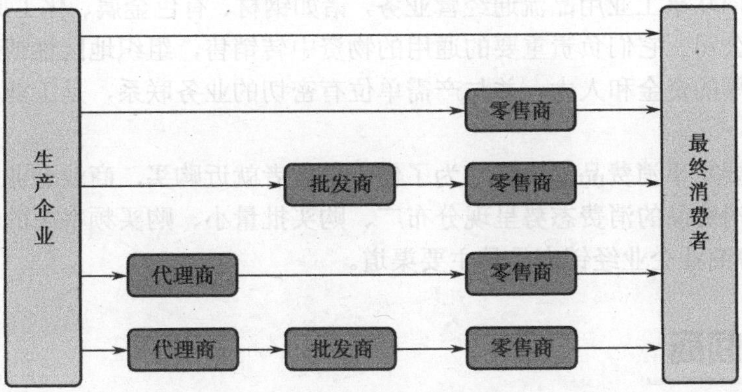

图 7-2　消费品的分销渠道

从图 7-1 和图 7-2 可以看出，分销渠道链的长度各有不同。可以根据渠道层次的数目来加以区分，于是在产品及其所有权从生产者向消费者转移的过程中，会涉及许多执行不同功能的中间商，每一个中间商都构成一个层次。生产者和消费者则是分销渠道的两极。从产销结合程度的角度来区分最基本的构成形式有两种：直接销售和间接销售。

（1）直接销售

直接销售，顾名思义，就是产品从生产商直接到消费者，不经过中间渠道环节。直接销售的最大优点就是销售的中间环节少，消费者购买产品的价格比在传统渠道要低很多。直接销售的主要形式有以下几种。

① 接受用户订货。这种方式特别适用于大宗工业用品。它是由供需双方签订合同或协议书，并按此执行，如化工原料、钢材、建筑材料；或是满足特殊需要的定制的工业用品，如建筑物、专用机械、电子设备；还有一些消费品，如定做的服装、鞋帽、家具等。

② 自设分销机构、办事处或门市部。这种方式已为生产企业广泛地采用。有的企业在一些用户集中的城市设立分销机构，专门销售本企业的产品，作为取得订单和观察市场动态的窗口。

③ 登门推销。这种方式是通过企业的推销人员，采用上门访问、电话、信函和客户联系等方式，推广企业产品。

④ 邮售。这种方式是企业通过报刊、网络或电视等媒体广告，宣传产品，然后通过邮寄的方式将产品销售给用户。

⑤ 参加订货会、展销会。这也是直接销售的一条重要渠道。我国企业的主管部门或商业物资部门经常举办订货会和展销会。

生产企业对销售部门的管理表现在指标、权利和制度三个方面，一般通过合同来确定双方的责、权、利关系。

分销渠道对生产企业的要求一般有三个方面。第一，按照目标市场需求，保质、保量、保规格、保时间发货。第二，根据目标市场的具体情况灵活地进行营销价格的调整。第三，在目标市场进行适当的广告宣传投入。

（2）间接销售

在现代市场营销中，间接销售的运用比直接销售更为普遍，特别是消费品的销售。间接销售是指生产企业通过中间商把产品销售给用户，间接销售的中间商包括各种类型的物资企业和商业企业。

物资企业专门从事工业用品流通经营业务，诸如钢材、有色金属、化工原料、机电产品、石油等专业物资公司。它们负责重要的通用的物资中转销售，组织地区性或全国性的物资调换。它们拥有雄厚的资金和人力，并与产需单位有密切的业务联系，是工业用品销售的一条主要途径。

商业企业主要从事消费品的销售，为了便于消费者就近购买，商业企业的经营网点分布广泛。由于这类消费品的消费态势呈现分布广、购买批量小、购买频率高的特点，因此，由商场、超级市场等商业企业经销产品是主要渠道。

7.2 选择中间商

企业在确定了分销渠道策略之后，还必须正确选择中间商，而中间商的选择正确与否关系重大。因此，生产厂家需要掌握各类中间商的特点和作用，了解现代商业形式的新发展。

中间商是指专门从事把产品从生产者手中转移到消费者手中的企业。中间商通过购买和销售产品，转移产品的所有权，以及将实物运送给卖方。

由于中间商能将不同生产者生产的有限品种和有限数量的产品汇集成很多的品种、较大的批量，以适应消费者多方面的需求，促进了社会专业化生产的发展。因此，生产企业才能各自生产较少的品种、较大的批量，并保持生产的稳定和高效率。从生产者的角度考察，生产企业的专长是从事生产，而不是销售，市场知识往往不如中间商丰富。中间商作为推销产品的专业机构，它承担了生产企业许多的销售职能，人们可以随心所欲地在各地商店买到不同产地、不同生产者制造的产品，比较和选择并不需要花费多少时间和精力。

总之，中间商是经济、合理地组织商品流通所必需的，他们具有接近目标市场的优势和丰富的销售经验。在商品流通中，具有生产者和消费者所不可替代的作用。

7.2.1 批发商

1. 批发商的特点和作用

批发商是把商品转卖给零售商、其他批发商、直接使用的制造商以及机关团体的商业组织。批发商与零售商的区别有三个方面。

① 批发商服务的对象是非最终消费者的组织或个人，而零售商是销售产品给最终消费者，它是连接生产企业与生产企业，生产企业与零售商及其他组织客户的桥梁。

② 批发商的业务特点是成批购进和成批售出，业务量比较大。而零售商则是少量采购零散供应。

③ 由于批发商在商品流通中的地位不同，服务对象不同，一般都主要集中在工业、商业、金融业、交通运输业较发达的大、中、小城市，其数量比零售商少，其分布也远不及零售商那样广。

我们都知道出厂价比消费者进行购买时的价格便宜很多，但谁会为了买一条丝巾、一袋方便面千里迢迢到厂家去购买？

批发商之所以能生存和发展，正是因为以社会分工为基础的社会化大生产和大规模流通需要批发这个中间环节。首先，批发能卓有成效地为数量众多的小型零售商和制造商提供服务。因为这些小型企业需要从很多供应者那里购进多种产品，以满足销售和生产的需要，但由于地理、资金、时间、运输等各方面的限制，往往没有力量直接或大批量购进。有了批发商，大量的零售商和工业用户能够就近、及时地买到商品。其次，批发商能为供应者（制造商）完成多方面的职能。制造商的优势在生产方面，但在储存、运输、销售方面，以及估计零售商的销售潜力、价格变化、服务需求方面就大为逊色了。因此，批发商的介入，可以高效率地为制造商完成储存、运输、搜集市场信息、信用评价和分销等方面的职能。

2. 批发商的类型

批发商按企业所有权和经营产品的所有权可以划分为三大类：独立批发商、代理商及经纪人、制造商及零售商自设的销售机构。

① 独立批发商，是独立的企业，对经营的商品拥有所有权，也就是自己购进并销售产品的批发机构。独立批发商无论是在数量还是销售额上，在批发业中均居重要的地位。

② 代理商及经纪人，是从事购买或销售，或二者兼备的洽商工作，但不取得产品所有权的商业单位。与批发商不同的是，代理商及经纪人对其经营的产品没有所有权，其主要的职能在于促成产品的交易，借此赚取佣金作为报酬。

③ 制造商及零售商自设的销售机构，是由制造商或零售商自行经营批发业务，而不通过独立的批发商来进行。

在21世纪的今天，现代大型连锁超市的兴起、厂家渠道的不断下沉，使得批发市场的地位不断被边缘化，在这种市场条件下，随着经济的发展，批发行业将主要通过兼并、合作和地区扩张来实现持续发展。网络的使用和日益推广，将有助于批发商在这方面开展业务。批发商在扩大其地区范围的同时，将越来越多地与物流公司合作。

7.2.2 零售商

2011年3月，中国连锁协会发布“2010年中国连锁百强”榜，苏宁电器集团、国美电器集团和百联集团继续名列前三甲。其中，苏宁电器集团以1 270亿元，981家店铺的经营规模位列榜首，一举成为中国最大的商业零售企业。

1. 零售商的概念

零售商是指将产品销售给最终消费者的中间商，是距离消费者或用户最近的市场营销的中间机构，是商业流通的最终环节。任何从事这种销售活动的机构，不论是制造商、批发商还是零售商，也不论这些产品或服务是如何销售或是在何处销售的，都属于此类范畴。而零售商或者零售商店是指那些销售量主要来自零售的商业企业。

零售商的任务是为最终消费者服务，不仅将购入的产品拆零出售，还为顾客提供多种服务。零售商数量庞大，分布广泛，类型繁多。零售业相对来说难以集中和垄断，竞争激烈。

2. 零售商的类型

零售商的类型千变万化，新组织形式层出不穷。零售商店类型就像产品一样，也有寿命周期。一种零售商店类型在某个历史时期出现，经过一个迅速发展的时期，逐步成熟，然后衰退，直至退出历史舞台。为了满足消费者对服务水平和具体服务项目的各种不同的要求，新的零售方式又在不断产生和壮大。

习惯上从三个方面对现代零售商进行分类，即经营产品范围、价格/服务水平、是否通过门市销售。

① 按经营产品的范围分类，可分为专用品商店、百货商店、大型超级市场和购物中心等主要类型。

② 按价格/服务水平分类。大多数商店提供中等价格和一般的服务水平，部分商店提供优质优价的商品和较高水准的服务。还有三种以廉价招徕顾客的商店，它们是折扣商店、仓储商店和商品目录陈列室。

③ 按是否通过门市销售分类，可分为有门市的零售商和无门市的零售商。在这儿主要介绍无门市的零售商。无门市的零售商主要有：自动售货、邮购、电话订购、上门零售和购货服务公司。

7.3 分销渠道的管理

A品牌的食品在同行业内是老大，可在B县销量老是上不去，其主要原因有以下几个方面。

① 经销商是老客户，做这一品牌已有5年多了，思想僵化，不能很好地贯彻公司意图而且配合不力。

② 经销商只做单一品牌，乡镇网络较差，配送能力跟不上，或者说根本不去乡镇送货。

③ 公司督促紧了销量就上去了；反之，销量就有较大的下滑，给竞争对手以可乘之机。

于是公司决定撤销其经销权。小刘负责该品牌在B县市场的销售工作，现在的问题是：

① 原经销商出于报复心理，经常从别的区域倒货，恶性降低价格扰乱市场，造成价格混乱。

② 经常出言贬低厂家和新经销商，给厂家和新经销商的名誉都造成了很不好的影响。

③ 价格的混乱导致终端客户进货时都持观望态度，很少进货，且给市场造成的遗留问题很多，如临期、过期产品很多，市场危机很大。

前期公司在选择代理商的时候为什么会失败？如果你是小刘，该市场交给你运作，你会怎么办？

7.3.1 影响分销渠道选择的因素

既然分销渠道长短不一，层次、数目也各不相同。那么，有人会问："是不是分销渠道越短越好，层次太多难于控制呢？"在这儿需要注意的是：对于分销渠道究竟应该如何选择，分销渠道的层次为多少要依据产品特点、市场因素等条件来决定，宜多则多，宜少则少。

分销渠道的选择必须与企业目标市场相符合，有利的目标市场还需要有利的分销渠道才能使商品销售顺利实现，企业必须确定到达目标市场的最佳途径。然而，分销渠道的决策，总是受到企业、产品、市场、经济管理体制和政策等因素的制约，一个企业在进行分销渠道决策的整个过程中，要全面考虑这些因素。

1. 企业因素

由于生产企业自身在决定分销渠道的长短、控制分销渠道的能力等方面有着重要的影响，因此企业因素占据十分重要的地位。

① 自身实力和信誉。企业自身实力强，信誉好，就可以决定其市场范围、较大客户的规模以及强制中间商合作的能力。

② 销售能力和经验。企业销售机构和销售人员的配备、销售业务的熟悉程度和经验，以及储存和运输能力也制约着分销渠道的选择，企业过去的渠道经验也会影响其渠道的设计。销售能力较弱的企业，只能过多地依靠中间商；而销售能力较强的企业，则可少用中间商。

③ 经济效益的大小。采用直接销售还是间接销售，选用较多的中间环节还是较少的中间环节，都要以经济效益来比较，进而选择经济效益最大的销售方式。经济效益的高低是企业选择分销渠道的重要标准之一，在这里还要把经济环境考虑进去。

2. 产品因素

产品自身的特点对分销渠道的决策起着决定性的作用，具体表现在以下几个方面。

（1）产品的易腐性和易毁性

对于那些易腐的、有效期短的产品（如水果），为了避免拖延时间及重复处理增加腐烂的风险，要求从生产者到达消费者的时间越短越好，采用尽可能短的分销渠道。对于易毁的产品（如字画、雕塑品等），也不宜采用过多的中间环节，以减少搬运中的毁损。

（2）产品的价格

一般来说，产品的价格越高，就越应该减少中间环节。生产者都希望消费者以最便宜的价格购买到该产品。这也意味着使用较短的分销渠道，并免除那些会提高产品最终售价但并不必要的服务。企业可通过销售人员直接销售，或只经过很少的中间环节，以避免最终售价的提高。反之，价格较低的产品（如日常用品），它们的利润也低，就需要大批量销售，只有广泛采用中间商才能扩大销路，占据有利的市场地位。

（3）产品的体积和重量

不同体积和重量的产品，对运输方式、仓储条件和流通费用有直接影响。那些与价值相比体积较大的产品（如矿石、建筑材料、机器设备等）需要通过生产者到最终用户搬运距离最短、搬运次数最少的渠道。小而轻的产品（如化妆品），则有条件选择较长的分销渠道。

（4）产品的技术性

有的产品具有很高的技术性（如精密仪器、成套设备），需要安装、调试和经常性的技术服务与维修。对于这类产品，通常由企业自己或授权独家专售特许商来负责销售和服务。

（5）产品进入市场的时间

新研发产品刚进入市场，顾客往往不知道或是不了解，需要大力推销和较多的营销费用，中间商一般不愿意承担销售工作。所以，新研发产品的销售一般多由生产企业自己来完成。

产品的安全性、花色、规格品种、样式、标准产品和定制产品等，对选择分销渠道也有着重要的影响。

3．市场因素

市场状况如何，也是企业选择分销渠道所要考虑的重要因素。

（1）消费者的因素

其一，消费者的数量、地理分布、购买频率、平均购买数量，以及对不同促销方式的敏感性等因素都影响分销渠道的设计。消费者的数量多而分散，销售市场范围大，需要较多的流通环节；消费者的数量多，但很集中，则可采用较少的流通环节；消费者数量少时，企业可考虑采用直接销售的方式。

其二，消费者的购买习惯，也影响分销渠道的选择。一些日用产品，价格低廉，消费者无须仔细选择，希望随时能就近购买。因此，企业应多采用中间商，扩大销售网点；对于一些耐用消费品，则可使用较少的中间商。

（2）竞争者的因素

生产企业的分销渠道设计，还受到竞争者所使用的渠道的影响。一般来说，企业对同类产品多采用与竞争者相同的分销渠道，因为某些行业的生产者希望在与竞争者相同或相近的经销处以便与竞争者相抗衡。例如，食品生产者就希望其品牌和竞争品牌摆在一起销售。有时，竞争者所使用的分销渠道反而成为生产者所避免使用的渠道。

4．经济管理体制和政策因素

国家物资、商业的管理体制，对企业选择商品分销渠道具有决定性的影响。国家对工农业产品的购销政策、税收法令、进出口政策、关税政策、国家的专卖制度（如烟、酒）是生产企业选择分销渠道时所必须考虑的重要因素。

7.3.2 分销渠道策略

作为企业决策者，必须对分销渠道有着全面的认识。所采用的分销渠道策略，不仅要保证产品及时到达目标市场，而且要求设计（选择）的渠道销售效率高，销售费用少，能取得良好的经济效益。生产者在设计其分销渠道时，需要在理想渠道和可用渠道之间进行选择。一般来说，新企业在刚起步时，总是先采用在有限的市场上进行销售的策略，以当地市场或某一地区的市场为销售对象。因其刚刚开始经营，资本有限，只得选择中间商进行分销。新企业营销成功之后，就有可能拓展到新市场。市场较小时，它可以直接销售给零售商；市场较大时，它需要通过经销商来销售产品。

1. 确定分销渠道目标

分销渠道目标，是指企业预期达到的顾客服务水平以及中间商应执行的职能等。每个生产者都必须在消费者、产品、中间商、竞争者、企业政策和环境等所形成的限制条件下，确定其分销渠道目标。那么，分销渠道目标怎样和企业目标市场相配合呢？应对以下问题进行具体分析。

① 企业的目标市场是什么？消费者是哪些？

② 消费者购买企业产品的原因是什么？

③ 消费者在何时、何地购买？

④ 消费者想以什么方式购买？

通过对以上问题的分析，就可帮助企业确定目标市场对分销渠道的要求；明确企业的总体目标及市场营销策略对分销渠道的要求。在此基础上，便可拟订出分销渠道应达到的具体目标。事实上，以上正是分销渠道目标的展开和落实步骤。

2. 是否采用中间商的决策

是否采用中间商的决策实际上是对直接销售还是间接销售的决策。在前面介绍过，直接销售和间接销售各有各的特点。在有些情况下，由生产企业直接销售产品，存在以下一些优势。

① 销售及时。简化了流通过程，减少了仓储和中转时间。

② 节约费用。特别是在市场相对集中，购买量大的情况下，可节约很多中转费用。

③ 加强推销。销售自己的产品，推销努力程度一般比中间商要高。而且，一些技术复杂的产品，也需要强力推销，冲破销售的障碍。

④ 提供服务。有的产品对服务的要求很高，而技术服务的优势在生产企业而不在中间商，高质量的服务有利于保持与用户的密切关系。

⑤ 控制价格。通过中间商的销售，企业对产品的最终售价控制较弱，渠道越长，控制的难度就越大。显然，直接销售使定价权完全控制在生产企业手中。

⑥ 了解市场。由于直接销售是供应者与用户直接见面，从而对顾客的意见能及时、准确地了解和反馈，有利于改进企业的工作，发展适销对路的产品。

正是因为以上优势，工业用品生产企业愿意采用直接销售方式，并成为最主要的渠道。同时也应该看到，直接销售使产品的整个销售职能完全落在生产企业身上，完成这些职能的费用也完全由生产企业负担。事实上，对于生产量大、销售面广、消费者分散的产品（如日用品等），任何企业都没有能力将产品送到每一个消费者的手中；即使能送到，也是不经济的，这会在很大程度上增加产品的成本。因此，这些企业只能选择间接销售渠道。由此可以看到，在有中间商的介入下，可以大大简化企业的销售工作，节约流通领域的人、财、物力，缩短流通时间，加速资金周转和企业的再生产过程。

由此可见，直接销售和间接销售各有利弊，各有其适用的条件和范围。企业在作决策时，必须对产品、市场、市场营销能力、对控制渠道的要求、财务状况等方面进行综合分析。

3．分销渠道长度和宽度的决策

所谓分销渠道的长度，是指产品从生产者到最终用户所经历的环节多少，也就是渠道层次的多少。

渠道越短，生产者承担的销售任务就越多，信息传递快，销售及时，能有力地控制渠道（如控制价格、提供服务、进行宣传等）；渠道越长，批发商、零售商要完成的销售职能越多，信息传递缓慢，流通时间较长，生产企业对渠道的控制就弱。在讨论分销渠道长度时，应综合分析生产企业、产品、中间商以及竞争者的特点等。一般情况下，有必要减少分销渠道层次，采用较短的分销渠道有以下几个原因。

① 生产企业有较强的市场营销能力，有较强的经济实力，有控制渠道的强烈愿望。

② 生产企业在地理位置上接近市场，顾客的集中度比较高。

③ 生产企业生产的是技术性较强、顾客选购技术水平高、专业化程度高的产品以及时尚产品与季节性产品。

④ 中间商经销实力较强，有推销该产品的经验，或找不到合适的中间商。

相反，在产品简单、价格低廉，需要大批量销售，市场广阔而分散，企业在地理位置上远离市场等条件下，就应该增加分销渠道的层次，采用较长的渠道。而缩短分销渠道，企业要支出更多的销售费用，如因此增加的收益能补偿多花的费用，还是可取的。有时，企业由于销售业务的需要，即使在收益减少的情况下，也采用短渠道。

所谓分销渠道的宽度，是指分销渠道中的不同层次使用中间商数目的多少。这主要取决于企业希望产品在目标市场上扩散范围的大小，即占据多少市场供应点以及什么样的供应点，是希望顾客在任何供应点（零售店）都能买到产品，还是只希望顾客在有限的供应点买到产品？企业通常采用以下几种分销策略。

① 广泛分销策略，也叫密集分销策略。这种策略的基本特点就是充分利用场地，占领尽可能多的市场供应点，使产品有充分展露的机会。只要有一定经营条件的零售商和批发商都可选用。价格低廉、产品差异很小、购买量小而购买频率高的日常消费品，如牙膏、肥皂等，常采用这种策略。因为这些产品购买方便应置于首位，这种策略的优点是产品与顾客接触的机会多，广告效果好，但是生产企业基本上无法控制分销渠道，与中间商的关系也比较松散。

② 选择性分销策略。只选择有支付能力、经营经验，有产品和推销知识的中间商，在特定区域推销本企业产品的策略。它适用于顾客需要在价格、质量、花色、款式等方面精心比较和挑选后才能决定购买的产品，如服装、手表、家具、电器、首饰等。工业用品中专用性很强、用户对品牌商标比较重视的产品也多采用这种策略。

③ 独家分销策略，是指在一定的市场区域内仅选用一家经验丰富、信誉卓著的零售商或一家工业品批发商推销本企业产品。双方一般都签订合同，规定双方的分销权限、利润分配比例、分销费用和广告宣传费用的分担比例等。这种策略主要适用于顾客选购水平很高，

十分重视品牌商标的商品，如名牌家用电器、名牌时装、高档家具等。工业品中的专用产品及其设备，由于用户与生产商在技术和服务上的特殊关系，也常采用这种策略。这种策略的优点是生产企业与中间商关系非常密切，独家经销的中间商工作努力，积极性高，有利于提高产品的信誉，生产企业能有效地控制分销渠道。

在这里究竟选择多长或者多宽的分销渠道，可用经济性、控制性和适应性这三个标准来衡量。

① 经济性标准。企业追求的是利润而不是分销渠道的控制性与适应性，经济分析可用许多企业经常遇到的一个决策问题来进行说明，即企业应使用自己的推销队伍还是应使用制造商的销售代理商。例如，A生产商所制定的分销方案：一是向该地区的营业处派出10名销售人员，付给他们基本工资和提成；二是利用该地区的制造商的销售代理商，并派出30名推销人员，报酬按佣金制进行支付。这两种方案可导致不同的销售收入和成本。方案选优的标准是能否获得最大利润。

② 控制性标准。使用代理商无疑会增加控制上的问题。一个不容忽视的事实是，代理商是一个独立的企业，它所关心的是自己如何能获得最大利润，可能不愿与相邻地区同一委托人的代理商合作。它可能只注重访问那些与其推销产品有关的顾客，而忽略对委托人很重要的顾客。

③ 适应性标准。在评估各分销渠道选择方案时，还有一个需要考虑的标准就是适应性标准，即生产者是否具有适应环境变化的能力，简言之，生产商的应变能力如何。每个分销渠道方案都可能会因为某些固定期间的承诺而失去弹性。

分销渠道的决策和建立不是一件容易的事，这与企业的发展目标以及分销渠道的其他成员密切相关。分销渠道一旦建立，就有必要加强管理和维持稳定。

4. 分销渠道成员的选择

当上述问题决定以后，就应该根据市场营销的需要，选择理想的中间商作为分销渠道成员，并说服中间商经销自己的产品。

小王是一家食品企业的销售主管，她所在的企业是一家年销售额不足3 000万元的小企业。公司派她去南方开拓一个中型城市市场，初来乍到的她跑了一个星期的市场，也接触了一些经销商，因为她的产品在这个市场上没有多大知名度，稍微大一点儿的经销商要么对她的产品不予理睬，要么就是提出的合作条件十分苛刻。小王应如何寻找合适的中间商？

中间商的选择关系到能否实现分销渠道目标和效率的问题，因而应十分慎重。那么，在选择分销商时，如何去选择或评估呢？

首先，选择的分销商必须与目标市场有联系。其次，选择的分销商要能够提供产品所需要的服务。最后，选择分销商时，必须考虑从中获得的利润。

除了以上三个标准之外，在选择一个较好的合作伙伴时，还应考虑：中间商的经验、偿付能力、声誉、管理能力、发展潜力和利润记录等因素。

7.3.3 分销渠道的管理

1. 分销渠道中的矛盾

认识分销渠道中的矛盾，是渠道管理的出发点。所谓渠道管理，其中心任务就是要解决分销渠道中存在的矛盾，提高分销渠道成员的满意度和营销积极性，促进分销渠道的协调性，提高销售效率。分销渠道中矛盾的主要方面是生产企业与流通企业的矛盾；其次是流通企业之间的矛盾。矛盾的表现形式是多种多样的（如压价、窜货、跨区经营等），矛盾产生的原因也是很复杂的。

任何分销渠道都会不同程度地存在矛盾与冲突，但是，合作必然是分销渠道的主流，只有加强合作，才能使分销渠道的整体活动效率最大化。

2．分销渠道的管理

分销渠道管理的主要方法是通过说服、协商、激励等手段，消除或减少存在的矛盾，提高成员的营销积极性，提高分销渠道整体活动的效率。分销渠道管理的任务主要由渠道的主导成员来完成，也需要其他成员的支持、配合才能产生效力。对于渠道的管理，在这儿主要介绍如何处理与分销商的关系。

（1）建立有效的合作关系

一般来说，对那些建立了有效的合作关系并获得成功的事例进行分析和总结，可以发现，建立有效的合作关系要注意以下几个方面。

① 要明确责任。一方面，在进行产品分销过程中，供应商的职责一般是提供一定水平的顾客服务，保证产品运送的次数和定时性，对顾客的反映要及时、快捷，产品运送要准确无误，开具发票、列货物清单要准确等。其中，最基本的要点是，从顾客的角度来确定对顾客的服务质量标准。

经验丰富的公司都设法与分销商建立长期的合作关系。生产商对于市场覆盖率、产品库存水平、市场开发、技术指导与维修、市场信息等方面，应有明确的设想。同时，生产商要求分销商支持其发展战略，并根据它们遵守生产商政策的情况支付报酬。比如，公司可以不直接给分销商25%的销售佣金，而按下面的规定来支付。

如能保持适当的存货水平支付5%；如能完成销售定额再支付5%；如能向顾客提供有效服务再支付5%；如能正确报告顾客的购买水平再支付5%；如能适当管理应收账款再支付5%。

② 要把分销商当作顾客，从顾客的角度去考虑分销商的需要。在处理与分销商的关系时，要考虑零售商的实力问题和分销商销售产品的动力，以及所做的承诺。分销商的形式有很多，因此，分销商与供应商的关系也有所不同。在独家经销的情况下，公司赋予分销商特权经营本公司商品，而分销商也不得再经营本公司的竞争产品。但在大多数情况下，分销商都是同时经销好几种产品，有时这些产品是竞争性较强的，只不过具有不同的品牌，来自不同的厂家。分销商对竞争性产品的偏好程度，对它们的不同陈列及相应宣传直接影响各类竞争性产品的销售状况。

（2）妥善处理中间商之间的冲突

经常听说发生窜货（中间商的跨区域销售）、压价（中间商的恶性价格竞争）、超越经销区域等一系列问题，从而引起中间商之间的冲突。那么应该怎样处理这些问题呢？

① 提升品牌形象，带动消费需求。分销渠道成员之间的价格竞争所引发的渠道冲突是目前市场营销管理过程中最头痛的问题。如果当价格竞争出现惯性和恶性循环时，将使中间商经营该产品处于微利或无利的状况，从而不愿意再继续经营下去。

② 奖惩分明，实施严格的分销渠道管理。这意味着一旦发现某一中间商有恶性降价、跨区域销售及产品返流现象，就坚决按合同规定给予惩罚，直至取消经销资格；而对那些严格执行企业销售政策的中间商，则在年终给予一定的奖励。

③ 渠道内部化，实现销售利益的永久共享。有两种方法可以考虑：其一是中间商（主要指一级批发商）入股方式，结成永久的纵向联盟，实现销售利益的永久共享；其二是企业出资建设自己的渠道，如设立自己的批发经营部、销售公司、专卖店、连锁店等，以达到最大程度控制分销渠道的目的。

④ 确定合理的中间商的数目与空间分布。一定区域内企业如果选择的中间商的数目较多，虽然其销售量增加了，但相应地增加了分销渠道管理的难度。

3. 分销渠道的改进

虽然分销渠道的决策和建立是长期的，但环境是不断变化的，如产品因素、竞争因素、政策因素、消费者因素等。企业为了应对变化了的情况，有时需要对分销渠道加以改进，使分销渠道更为理想。改进的策略一般有以下三种。

（1）增减某一分销渠道

由于市场的变化，企业的分销渠道过多，有的渠道的作用已经不大。从提高市场营销效率与集中有限力量等方面考虑，可以适当缩减一些分销渠道。相反，当发现现有渠道过少，不能使产品有效地到达目标市场，影响了产品销路时，则可增加新的分销渠道。

（2）增减分销渠道中的个别中间商

对效率低下、经营不善，对分销渠道整体运行有严重影响的中间商，可考虑予以剔除，另行挑选合格的中间商加入分销渠道。如果因竞争者的分销渠道宽度扩大，使自己的销售量减少，也应增加中间商的数量。

（3）改进整个分销渠道

如果原有分销渠道的矛盾无法解决，造成了极大混乱；或是因企业战略目标和市场营销组合实行了重大调整，都要考虑对分销渠道进行重新设计和建立。这就需要生产企业认真进行调查研究，权衡利弊，作出决策。

从市场营销策略来看，任何使得分销渠道链变得更有效率的措施都必须是有益于所有参与者的。生产制造商要做的是：寻找新的发展机会，向消费者提供更好、更全面的服务。

本章小结

分销渠道策略在市场营销组合中占据着重要地位，它关系到如何把产品从生产企业手中转移到消费者手中。作为决策者，必须对分销渠道有全面的认识和了解，掌握管理分销渠道的技巧和策略。

商品分销渠道是沟通生产者与消费者必不可少的纽带、桥梁，是指商品从生产者手中转移到消费者手中所经过的所有环节构成的途径。它具有产品分配、融资、市场调查和寻找消费者、信息传递、营业推广和推销、服务、风险承担等作用。分销渠道是由一系列的销售机构组成的，又称为渠道成员。渠道成员可以分为三类：第一类是生产企业自己本身所拥有的销售体系；第二类是受企业约束的销售系统；第三类是不受企业约束的销售系统。

分销渠道最基本的构成形式包括：直接销售和间接销售。直接销售的形式主要有：接受用户订货；自设分销机构、办事处或门市部；登门推销；邮售；参加订货会、展销会。间接销售在现代市场营销中的运用比直接销售普遍，特别是一般消费品的销售。间接销售的中间环节包括各种类型的物资企业和商业企业。

中间商作为分销渠道的重要组成部分，对中间商的类型与作用的了解也是十分必要的。中间商是指产品从生产者转移到消费者的过程中，专门从事对这些产品的购买和销售的企业。在本章着重介绍了批发商和零售商。批发商按企业所有权和经营的产品所有权可以划分为：独立批发商、代理商及经纪人、制造商及零售商自设的销售机构。零售商的形式繁多，主要从经营的产品范围、价格/服务策略、是否通过门市销售三个方面介绍了其类型和各自的特点。

习题 7

一、填空题

1．在选择分销渠道长度和宽度时，一般是用__________、__________、__________三个标准来衡量。

2．影响分销渠道选择的因素有__________、__________、__________、__________。

3．直接销售主要有__________、__________、登门推销、邮售，以及参加订货会、展销会等几种形式。

二、选择题

1．独立批发商根据经营商品的类别可以分为综合类、单一或整类和（　　）。

A．进出口商　　B．佣金商　　C．专业批发商　　D．拍卖行

2．企业在选择分销渠道时不考虑的市场因素是（　　）。

A．消费者的因素　　B．竞争者的因素　　C．政策因素

3．建立有效的合作关系首先要做的是（　　）。

A．明确责任　　B．提升品牌形象　　C．确立奖惩制度　　D．渠道内部化

案例分析 7——王先生的美容代理经验

四川省某县是一个人口将近 10 万人的小县。王先生是该县的一名职业高中教师，其太太在一次做美容护理时，认识了一位在寻找代理商的业务员小孙。在小孙的多次高利诱惑和劝说下，于 2013 年 1 月，以 3 折厂价一次性进货 3 万元，取得了广州某公司在该县的美容代理权，并在城中心投资开了一家美容院。厂家的承诺是前两个月每月返款 2 万元，给予地方广告费 10%，另给予 4%的人员工资。在两个月后，若代理商能达到要求，则派常驻美容指导一名指导工作。小孙在王太太款项到账后即跳槽离职。在王太太的多次要求下，厂家对美容师进行培训，但该公司只派了一名美容指导做了半个月后就离去了。该美容院的开张，公司除了随货发来的部分海报、宣传单、两个“易拉宝”之外，就再也没有其他物品的支持了。由于王太太自己不是很熟悉专业线的经营思路和方式，并且当时正遇上“非典”期间，所以一开张就亏损。从 2013 年 1 月开张到 4 月份，总售出的产品及包括美容开卡的收入不到 5 000 元，发展加盟店数为零，美

容院每月亏损 8 000 多元。

王先生夫妇积蓄并不是很多，这时不由得有些心急，忙潜下心来寻找出路。在经过一系列充分调查后，王先生首先从战略上改变，由原来的美容院销售形式变为“专营店、专柜+服务”的发展形式，即以客装售货为主，服务为辅的方式，适度调整了价格，设定了多种适合市场的产品套餐服务模式，制定了新的推广技术，具体做法有以下几点。

第一，将产品打入商场。经过艰难的谈判，与商场达成联盟互动行销协议：商场免收专柜费、进场费等杂费，并提供专柜，代理商负责招聘促销小姐。商场与代理商的利润比为三七开，商场占 30%，代理商占 70%。促销小姐工资由代理商支付，王先生采取的是底薪加提成的方式，如 1 盒 120 元的面霜可得 10%的提成，即 12 元，这样大大增加了促销小姐的积极性。商场方面，购此品牌任一产品均可在美容院做免费护理，购任何产品一次性 300 元以上送免费护理等，从而实现了双赢的局面。

第二，发展加盟店。根据当地乡镇高收入层美容难的问题，王先生多次下乡，说服乡镇的简易美容院老板进行店内的简单装修，并有选择性地投入铺货（王先生认为，货留在自己仓库里，不如把它摆在店铺里）试销。通过宣传之后，现在多数乡镇的消费者直接在乡镇专柜里购买产品，市场初步形成。由于品牌在当地打响了，引起了全城美容院的关注，一个月时间便吸引了 10 家签约加盟店（柜）。

现在，王先生已从一年前的典型的门外汉，成为了一个专家；从一个学校的老师成为了专业线的老师。他已成功代理了两个品牌，实现了每月销售达 20 万元的奇迹；在市场营销网络上，从一个小小的县城，扩大到地区及周边城市。

王先生夫妇成功了。他们有哪些成功的经验值得我们借鉴呢？

【案例思考】

王先生夫妇成功了，他们使用了哪些营销策略呢？

实训 7

课堂训练：分销渠道设计

主　　题：产品讨论，分销渠道方案的设计

课　　时：2 学时

地　　点：教室

过程设计：① 学生分组寻找产品。

② 各组根据自己熟悉的产品进行渠道方案设计。

③ 通过各组选派人员进行方案陈述。

④ 讨论评估，方案选优。

目　　的：使学生在了解分销渠道的基础上，能够正确地设计分销渠道方案。

考核指标：① 知识的掌握程度与策划能力。

② 组员参与的态度。

③ 准备是否充分。

建　　议：① 授课教师可根据学生的具体情况调整考核指标。

② 可设置多种奖项，以激励学生的积极性。

实战演习：分销渠道选择与管理

主　　题：铺货

过程设计：① 通过课堂练习选择产品分销渠道。

② 让学生熟悉产品，进行分组。

③ 了解和调查产品市场。

④ 选择经销商（该地的小零售店），并进行铺货，同时制定收款制度。

⑤ 检验成绩。

目　　的：① 使学生在了解分销渠道的基础上，学会选择分销渠道。

② 培养学生的团队精神和合作意识。

③ 培养学生的创新精神和实践能力，以适应市场的需要。

考核指标：① 分工是否合理。

② 铺货任务的完成情况（如与经销商的联系、商品上架情况等）。

③ 其他考核指标（如调查人员的考核、策划考核、回访情况的考核等）。

建　　议：① 授课教师可根据学生的具体情况调整考核指标。

② 铺货的绩效最好在一二个月后进行考核（只有较长时间才能看到选择分销渠道的效果）。

③ 本次实训成绩计入学期总成绩。

CHAPTER

8

第 8 章　现代促销策略

知识要点

- ❖ 掌握促销的含义和作用。
- ❖ 掌握制定促销方案的程序。

能力要点

- ❖ 能策划并组织小型促销活动。
- ❖ 能有效地执行促销方案。

引例 8

能让都市时尚白领一族以逛屈臣氏商店为乐趣，并在购物后仍然津津乐道，有种“淘宝”后莫名喜悦的感觉，这可谓达到了商家经营的最高境界。逛屈臣氏淘宝，竟然在不知不觉中成了时尚消费者一族的必修课。作为城市高收入代表的白领，她们并不吝惜花钱，物质需求向精神享受的过渡，使她们往往陶醉于某种获得小利后成功的喜悦，祈望精神上获得满足。屈臣氏正是捕捉了这个微妙的心理细节，成功地策划了一次又一次的促销活动。

屈臣氏的促销活动每次都能让顾客获得惊喜，在白领丽人的一片“好优惠呦”、“好得意呦”、“好可爱啊”惊呼声中，商品被“洗劫”一空，使屈臣氏单店平均年营业额高达 2 000 万元。

2014 年 6 月 16 日，屈臣氏中国区提出“我敢发誓，保证低价”的承诺，并开始了以此为主题的促销活动。屈臣氏的促销活动发展大致分为三个阶段：2014 年 6 月以前为第一阶段，在这段时间里，屈臣氏主要以传统节日促销活动为主，屈臣氏非常重视情人节、万圣节、圣诞节、春节等节日，促销主题多种多样，如“真情圣诞真低价”的圣诞节促销，“劲爆礼闹新春”的春节促销。第二阶段是在 2014 年 6 月提出“我敢发誓，保证低价”的承诺后，以宣传“逾千件货品每日保证低价”为主题，特别是自有品牌商品的促销，如“全场八折”、“免费加量”、“买一送一”、“任意搭配”、“剪角抵用券”、“满 50 元超值 10 元换购”、“本期震撼低价”。屈臣氏的低价策略已经深入人心。第三阶段是 2015 年 6 月起，屈臣氏延续特有的促销方式并结合低价方针，淡化了“我敢发誓”的角色，特别是到了 2015 年年底，促销宣传册上几乎是不再出现“我敢发誓”的字样，促销活动变得更加灵活多变，并逐步推出大型促销活动，如

"大奖POLO开回家"、"百事新星大赛"、"封面领秀"、"VIP会员推广"，屈臣氏促销战略成功转型。

8.1 促销的含义和目的

对于促销，生活在城市中的人可以说都非常熟悉了，特别是在大城市，几乎每天都有企业在搞促销活动，尤其是节假日，各种促销活动层出不穷。那么，究竟什么是促销？促销对企业到底有什么作用？

8.1.1 什么是促销

促销是促进销售的简称。IBM公司创始人沃森说过："科技为企业提供动力，促销为企业安上了翅膀。"如果一个企业，在产品生产出来后，不打广告，不作任何宣传，就这样默默无闻地摆在柜台里销售，很难想象会是什么结果。"可口可乐"、"百事可乐"、"麦当劳"这些世界名牌早已是家喻户晓、尽人皆知，为什么还要花费巨资打广告、做宣传、搞赞助呢？道理很简单，因为竞争，激烈的市场竞争迫使企业想尽一切办法来促进产品销售。

一个完整的促销过程由促销组合来表示，包括广告、人员推销、营业推广及公共关系。

广告是大家最常见的一种促销方式，它可以是电视里卖药酒的陈宝国，也可以是杂志彩页上长发飘逸的明星，甚至是春节晚会上的汇源果汁，体育赛场上运动员的运动服。

营业推广也叫促销促进，买洗发水送的小包试用、各种优惠、折扣券、减价清仓都属于这个范畴。销售促进能产生短期的促销效果。

公共关系是促销组合中唯一不能直接催促顾客购买的手段，它通过和顾客、相关群体、大众等建立良好关系，进而让产品在大众心中建立良好的形象以间接推动销售。

在上述案例中可以明显看出，屈臣氏的促销活动并非单纯地使用某一种促销手段，而是多种促销手段的组合。

8.1.2 在什么情况下需要促销

促销的最终目的是增加产品的销售量，创造更多的利润，但在不同的时期，针对不同的市场环境，促销的目标是不一样的，促销的力度和促销的手段都不同。那么，在什么情况下企业应该促销？企业促销应该采用哪些手段？

1. 新产品推广

企业在进行新产品推广时，要提高新产品的知名度就应该促销，如果要推出新产品而不进行促销，即使再大的公司，再有名的品牌，消费者并不一定买账。在这种情况下进行新产品推广的突破口，是让消费者打消疑虑进行首次尝试购买，往往是四种手段同时使用，争取在短期内使消费者了解并接受新产品。在四种手段中，一般都是广告充当先锋，通过电视、报纸等消费者接触最多的媒体广为宣传，让消费者知道这个新产品，然后通过推销人员进行人员促销并在各零售店开展营业推广，同时，适时地搞一些公关活动。

市场份额就是市场占有率，是指某一品牌产品的销量在整个市场同类产品的总销量中所占的比例。市场份额是企业在市场上地位的标志，谁的市场份额大，就说明谁的产品销量好，拥有的客户多。市场份额是不断变化的，一般每年计算一次。对于企业而言，客户的忠诚是至关重要的，客户越忠诚，企业的市场份额就越稳定。大多数消费者都有一种品牌偏好，有的人喜欢喝“可口可乐”，有的人则喜欢喝“百事可乐”…… 当然，绝大部分消费者并非一辈子只认一个品牌，在很多时候也会出现品牌转移。有很多消费者没有固定的品牌概念，但他们在购买产品前都会有一个品牌比较，特别是同类产品彼此相同，品牌的倾向性就尤为重要。由于是争夺同样的客户，这种竞争就非常激烈，因此，稳固市场份额就显得十分重要。而促销是稳固市场份额的有力保证，一方面稳定老客户；另一方面开拓新客户，扩大客户群的规模。在这种情况下，促销手段一般以营业推广和广告为主。

2. 强化产品和企业形象

对于那些具有一定知名度的企业及其产品，需要定期或不定期地加强宣传，巩固自身品牌在消费者心目中的形象。绝大部分消费者都是喜新厌旧的，再有名的品牌，也不可能永葆青春，更何况，其他品牌的同类产品也在不断地推陈出新，再忠诚的客户也难免会产生动摇，如果对手再加大促销力度，客户流失也就在所难免。因此，企业通过促销活动能对现有客户进行提示，延长产品的寿命周期。

3. 应对竞争对手的攻击

当竞争对手特别是主要竞争对手展开促销攻势时，企业必须应对，促销手段也要针锋相对，促销力度绝不能逊色于对手。激烈的市场竞争迫使企业重视对手的一举一动，采取紧跟战术。可以发现一个非常有趣的现象：“可口可乐”与“百事可乐”，“统一”与“康师傅”等竞争对手，只要对手有什么动作，另一方马上就会采取几乎相同的动作。

4. 消化库存

每个企业都会有一些库存，并且现在的产品更新换代非常快，老式产品很容易形成积压，要消化这些库存，就要依靠促销来带动销量。常用的营业推广形式包括捆绑销售、特价销售、打折、超值增量、买几送几、附送赠品等，而辅以广告来制造声势。其中，捆绑销售是将滞销产品与畅销产品捆绑在一起进行让利销售；特价销售是以超低价格销售，一般要限量；超值增量是增加重量，加量而不加价。

主动促销能够使企业在竞争中占据主动，把握先机，但也会带来负面影响，那就是对手的反击，这种反击被称为被动促销。对于相对平稳的市场，如果没有足够的优势，应慎重使用促销手段，控制促销力度，否则，势必掀起促销大战。“可口可乐”与“百事可乐”在这方面就比较慎重，尤其是价格，谁都不会轻易降价，如果发生价格大战，最终结果肯定是两败俱伤。

8.2 促销的主要方式

人们常说××企业又在搞促销了，××公司又在搞活动了，这里主要是指促销的方式，如抽奖、竞赛、优惠券等，实际上是销售促进的方式。因为销售促进具有方式灵活、形式新颖的特点，对消费者有较大的吸引力，因此，很多企业都会选择销售促进作为促销的主要手段。

8.2.1 赠送优惠券

优惠券也叫抵用券，上面通常印有金额，顾客凭优惠券在购物时可少付券面金额的费用，有的优惠券不印金额，但企业会在广告中注明每券抵用多少金额。

1. 优惠券的类型

优惠券可以由厂家赠送，也可以由商家赠送，因此，优惠券就分为厂商型优惠券和零售商型优惠券。厂家赠送优惠券的主要目的是多销售产品，相当于变相降价。对厂家而言，优惠券的发放过多，消费者不仅对此毫无兴趣，还会对该产品产生反感。而零售商发放优惠券的主要目的在于吸引消费者光顾商场，刺激消费者扩大购买范围，而不是仅仅为了吸引消费者购买某一特定品牌的商品。

（1）厂商型优惠券

厂商型优惠券是由产品制造商规划和散发的，通常在各零售点兑换，消费者凭优惠券购买指定商品时可享受折价优待、赠送礼品或其他优惠。各零售店相当于厂商的活动代理，负责回收优惠券并凭此向厂商兑换。此外，厂商根据优惠券的数量给予零售店一定的补助。厂商型优惠券适用于经销各种品牌商品的零售店，主要目的在于提高该产品的知名度，刺激消费者的购买欲望；同时，通过兑换活动，也能为零售店增添人气。

（2）零售商型优惠券

零售商型优惠券主要是规模稍大的零售商采用，其目的在于吸引顾客光顾。一般来说，顾客到某一商场，往往会购买一些事先并没有想购买的商品。因此，零售商型优惠券的目的并非只是推销某一品牌的商品，而是吸引顾客光顾。这种优惠券主要有以下三种：

① 直接折价式优惠券，是指消费者在某特定零售店的特定时间内，凭券购买某些特定商品可以享受折价优待。

② 免费送赠品优惠券，是指消费者购买某特定商品时，可免费获得专门的赠品。

③ 送积分点券式优惠券，是指消费者购买某特定商品时，可获得积分点券，凭这些点券可在该零售店兑换自己喜爱的赠品。积分点一般分成几个等级，点越高，赠品的价格越高。

无论是厂商型优惠券还是零售商型优惠券，都要注意以下几个问题。

① 折价优待的幅度应稍大，优待太少，难以让消费者产生兴趣，特别是不太出名的品牌，价格上更应该有吸引力。

② 优惠券不能随意乱发，应该有数量控制和时间控制，目的在于既控制成本又能吊足消费者的胃口。

③ 赠送的礼品要有特色，如果礼品很便宜而且随处都能买到，就会失去吸引力。

④ 应有广告配合，加大宣传，如果影响面过窄，就达不到促销目的。

2. 优惠券的发放方式

（1）直接发放

优惠券可以在街上随意发放，也可以邮寄，还可以在零售店的展台上由顾客自取；既可单独发放，又可附带宣传资料一起寄送。若选择在街上随意发放，应注意选择对象，如果见人就发，结果多半是变成垃圾。因此，优惠券应设计得精美一些。邮寄往往会让消费者感觉意外，如果配上精美的宣传资料，效果会更好。

（2）通过媒体发放

一般是通过报纸、杂志等平面媒体发放，优惠券可印在媒体广告上，也可以与杂志装订在一起，还可以单独放在杂志里（被称为独立式夹页）。选择发放优惠券的方式时，要考虑到消费者。

（3）随商品发放

可以将优惠券附在商品包装里面，也可以附在外包装纸上，还可以附在其他商品的包装内或包装上，这称为“交叉取胜”。比如，在咖啡包装内附优惠券，凭此券可优惠购买同一品牌的咖啡伴侣。

3. 优惠券的优缺点

（1）优惠券的优点

发放优惠券这种促销方式之所以被广泛采用，是因为它具有以下几个优点。

① 能很好地刺激消费者试用新产品。消费者对新产品缺乏认知，如果有优惠券刺激，很多消费者往往愿意尝试。尤其是对于知名品牌的延伸产品，使用优惠券更容易吸引顾客。

② 能培养客户的忠诚度。对于喜欢该产品的老用户，使用优惠券的促销方式能进一步培养他们的忠诚度。常见的各种打折卡，其实是一种特殊的优惠券，可以不受时间限制，很多商场和超级市场都实行凭卡打折，打折卡一般又分为普通卡和金卡，二者打折的幅度不同，实行区别对待。

③ 能有效地激励零售商。这是针对厂商型优惠券而言，厂家搞促销活动，能够增加零售店的客流量，增加销售额，从而激励零售商更加积极地推销厂家的产品，特别是如果有同类商品，使用优惠券促销的厂家会占据主动。

（2）优惠券的缺点

优惠券有优点，但也有以下两个方面的不足。

① 效果不容易预测。由于受优惠券面额、各品牌分摊比例、分送方式、媒体选择等因素的影响，优惠券的可能兑换数难以确定，经费预算也很难确定。

② 对新产品、知名度不高的产品以及服务业效果不明显。对于并不熟悉的产品，大部分消费者一般都比较谨慎，尤其是食品、保健品、药品等风险大的产品。而服务业的优惠往往会使消费者担心服务质量也会打折。

8.2.2 折价优待

折价优待即通常所说的“打折”，将产品售价降为原价的百分之几十，如八折，就是按照原来价格的 80%销售，六折半，就是原价的 65%。打折与优惠券的折价优待很相似，区别在于不使用优惠券。折价优待属于典型的价格竞争，也是最直接、最有效的竞争手段。

1. 折价优待的运用方式

打折可以是厂家针对所生产的某些产品，也可以是商家对整个商场的所有商品或部分商品实行的促销方式，但主要都是针对消费者，有时候，厂家为了激励中间商，在不调整零售价的前提下对原来的供货价实行打折，这属于中间商激励策略。打折常用的方式主要有以下三种。

（1）现金折扣的运用

商场、超级市场通常将商品在现价上直接打折，用价格赢得顾客群。比如，新货一件八折，或两件七折，三件五折；再比如，第一件商品按原价销售，第二件按半价销售或达到一定金额后直接减现。如果品牌推广和品牌文化达到一定高度，采用这种简捷的方式是可取的。

（2）套袋式包装的运用

将几个商品捆绑在一起打折销售，这种方式属于典型的包装促销策略。例如，买三支装牙膏比三支单卖的牙膏价格更便宜，其他像口香糖、香皂等体积较小的商品都经常使用这种方式。这是一种厂家经常使用的促销方式。

（3）买一赠一的运用

买某一商品就赠送另一商品，甚至赠送同样的商品，这是厂家和商家都经常使用的一种促销方式。对于那些有购买欲望而又举棋不定的顾客来说，送的东西多少往往会成为他们最终选择的重要砝码。

2. 折价优待的优缺点

折价优待在竞争激烈的行业中被普遍使用，特别是国内厂商，已把此作为杀手锏频频使用。折价优待的优点有以下三个方面：

① 能够维系现有顾客。现有顾客本来对该产品就有好感，再打折优惠，对他们而言，简直就是惊喜，自然会加大其忠诚度，促使其继续购买。

② 能够吸引试用者。价格上的优惠对大多数顾客而言都具有吸引力，能够帮助他们下决心尝试新产品，特别是老品牌的新产品，吸引力更大。

③ 可减少商品库存。无论是厂家还是商家，通过打折，能够使一些积压、过时的商品找到销路，从而减少库存，回笼资金。

8.2.3 集点优待

集点优待又叫商业贴花，指顾客每购买一定数量的商品，便可获得一张贴花，筹集到一定数量后就可以兑换不同等级的奖品。例如，“百事可乐”的拉环兑奖活动规定，凭五个易拉罐拉环或五个瓶盖可兑换一张百事可乐光盘，更多就可兑换一个百事可乐旅行包。

1. 集点优待的种类

（1）点券式

消费者凡购买一定数量的产品即可获得一定面额的点券，当点券面额累计达到规定面额时，便可凭点券兑换相应赠品。这种点券一般附于商品包装内，点券兑换多在大的零售店，兑换奖品的有效期也比较长。点券式集点优待实际上是对产品的忠诚客户的一种奖励。

（2）凭证式

凭证式是指消费者凭特定的购买凭证兑奖，如拉环、瓶盖、收银条、集分卡等。只有收集规定的凭证或收银条达到一定金额时才能兑奖。凭证式集点优待特别适合青少年顾客，他们对此较有兴趣，很多企业将集分卡制作成卡通形状，非常精美，具有收藏价值，特别受青少年欢迎。

2. 集点优待的优缺点

（1）集点优待的优点

集点优待的优点主要有以下三个方面。

① 低成本促销。奖品设计独特以吸引顾客，关键是要有收藏价值。

② 在建立品牌形象的很多广告中，其效果正反映了低成本的促销可取代高预算的广告投资。

③ 可扩大商品的试用率或突破季节性限制。

（2）集点优待的缺点

集点优待的缺点也有以下三个方面。

① 预算与库存结合较困难。

② 时间太长，消费者容易失去耐心。

③ 商品种类受到限制。

8.2.4 竞赛与抽奖

竞赛与抽奖往往搭配进行，也可以单独进行。竞赛单独进行时，一般对竞赛获胜者颁发奖品或奖金。两种促销方式都能调动消费者的积极性，竞赛靠本身的吸引力和奖品，而抽奖则依靠丰厚的奖品来刺激消费者，这两种方式现在被广为使用，无论是厂家还是商家都热衷于使用这两种促销方式。

1. 竞赛

竞赛需要竞赛者具有一定的知识或技能，获胜者通过竞赛能够在心理上得到满足，并且得到一定的物质奖励，因此，消费者往往愿意参与。消费者参与的程度取决于竞赛本身的趣味性、技术性以及奖品的丰厚程度。趣味性强又有一定技术性的竞赛最吸引人，再配合广告宣传，促销效果非常好。

2. 抽奖

抽奖促销由于能带来意外的惊喜而受到消费者欢迎，消费者凭运气而不需要通过技能获得奖品，另外，抽奖不像竞赛那样需要耗费时间，过程很短。抽奖分为现场抽奖和定期兑奖两种方式。

现场抽奖是消费者在购买商品的现场马上进行兑奖，奖励办法和奖品设置事先告知顾客，消费者凭收银条和兑奖券当场兑奖。现场抽奖的操作方式很多，常见的主要有摸奖、抠奖和对号。

3. 竞赛与抽奖需要注意的几个问题

（1）奖品设置

竞赛与抽奖都涉及奖品问题，奖品是否具有吸引力，是促销活动能否成功的一个关键因素。一般来说，第一等级的奖品应丰厚一些，以刺激消费者的购买欲望。如果总的预算不高，在保证第一等级高价值奖品的前提下，将后面等级的奖品价值设置得低一些。

高价值的奖品自然具有吸引力，而低价值的奖品只有通过“特”字来吸引顾客，即奖品本身比较特别，最好具有收藏价值，虽然不值钱，但并非能随意买到。

（2）遵循“三公原则”，即公开、公平、公正

活动规则、奖品设置以及获奖结果都应公开，而活动过程必须保证公平和公正，尤其是定期抽奖的对号，应当场摇号以示公正。如果摇奖过程不公开，难免会使消费者产生怀疑，不但达不到促销效果，反而会影响企业形象。

（3）费用预算

在策划、实施竞赛与抽奖活动时，需要考虑的费用有：奖品费用、推广该活动的广告宣传费、零售点宣传品的费用、参加促销活动人员的开支以及其他一些费用，如公证费、保险费、场租费、道具费等。

8.2.5 免费试用

免费试用通常是在新产品全面推广前的 4～6 周进行，目的是让消费者亲身感受一下新产品的品质，为全面推广打下基础。免费试用主要适用于日用消费品，如洗衣粉、洗发水、香烟等。消费者经常使用这类产品，对产品比较熟悉，容易分辨出产品的好坏，因此，采用免费试用的产品，其质量都是过硬的，具有较强的说服力，否则，会在正式推广前就被消费者否定，反而会影响新产品的推广。

1. 免费试用的方式

（1）逐户分送

将试用品挨家挨户分送，促销员只是介绍身份和目的，然后就免费赠送给消费者，这种试用品一般是特殊包装，即专门为试用所生产的小包装，比如，宝洁公司赠送给消费者的汰渍洗衣粉就是特制包装，只有 40 克。促销员赠送试用品时，不允许向消费者提问或介绍产品特点，以免消费者怀疑促销员赠送的目的甚至产生反感。这种方法现在运用较少，因为消费者对上门赠送这种方式比较反感，有些公司假借免费赠送的名义上门推销，给消费者留下很坏的印象。

（2）定点分送及展示

选择在零售店、购物中心、转运站、大街上、大型餐厅、网吧或其他人流量较大的地方，将试用品直接赠送给消费者。这种促销一般都是选择一个相对固定的地点，然后设置展台，张贴海报，将宣传资料连同试用品一起分发给消费者。大多数厂家选择在各大零售店、购物中心门口搞赠送活动，既可以宣传新产品，又可以增加零售店的客流量。

2. 免费试用的优缺点

（1）免费试用的优点

免费试用的优点有以下三个方面。

① 提供快速的商品信息，刺激消费者迅速购买。免费试用能够很快使消费者感受新产品的特点，对新产品留下较深的印象，因为是免费的，一般都会产生好感。等到公司全面推广新产品时，消费者由于早已有了感性认识，选择时的倾向性更大。因此，在新产品全面推广前使用免费试用促销，可以缩短新产品被消费者接受的时间，提高其他促销手段的效益。

② 引导忠诚客户转变消费观念。对于市场上具有较高知名度的产品，畅销过程必然有一个期限，因为消费者永远是喜新厌旧的，再畅销的产品也要进入衰退期，必然会被其他新产品所取代。因此，企业往往在这些畅销产品进入衰退期以前就会推出新产品来替代老产品，从而保证市场占有率。

③ 能节约其他促销费用。通过免费试用，慢慢让消费者了解、接受并喜爱这个品牌的产品，等到产品在消费者中间有了较好口碑时再进行广告宣传和人员推销，效果就会大不一样。

（2）免费试用的缺点

免费试用同时也存在以下一些不足。

① 条件限制较多。对于知名度不高的企业，要求产品质量上乘，使消费者在试用时感觉明显，否则，促销效果很难保证；对于知名品牌的换代产品，要求功能或质量上有明显的改进或突破。

② 发放过程不易控制。由于试用品基本上是免费分送的，应防止促销人员私自截留公司赠品。

8.2.6 零售补贴

零售补贴是厂家为了激励零售商所采取的一种促销方式，即在供货价格上实行补贴，也叫零售折让。厂家最终依靠零售商才能将产品销售出去，产品销量大小，除了产品自身的因素外，零售商的努力也至关重要。所谓零售补贴，是指生产厂家降低产品零售价后，为了弥补零售商的损失，而在给零售商的供货价上实行价格补贴，维持降价前零售商的利润。

1. 零售补贴的类型

零售补贴从厂家对零售商降价后利润减少的补偿，逐步发展为拉拢、激励零售商的一种促销手段，具体方式有很多种，但归纳起来，主要有无条件补贴和有条件补贴。

（1）无条件补贴

无条件补贴指厂家对零售商进行补贴而不对零售商提出任何要求。目的只是激励零售商，争取建立良好的合作关系，从而使零售商尽心尽力地销售自己的产品。无条件补贴分为购买补贴、免费附赠补贴等。

① 购买补贴。只要零售商进货就给予补贴，通常按“件”或“箱”计算，购买一件或一箱产品享受多少价格折让。这种补贴一般实行等级折让，即购买数量越多，享受的价格折让就越多。零售商为了得到更大的折让，往往会多进货。

② 免费附赠补贴。这种补贴方式不是对价格实行折让，而是给零售商赠送商品或礼品。比如，购买一箱易拉罐饮料就赠送一听，或者买一箱饮料送一个精美礼品；买十箱送十听或更好的礼品。这种补贴方式与购买补贴相比，厂家可以销售更多的产品，而送的礼品往往都有公司的标志，能够起到宣传的作用，有助于提升公司形象。

（2）有条件补贴

有条件补贴是指带有附加条件的补贴，厂家对零售商进行补贴，要求零售商必须满足厂家的一些条件，双方往往会签署协议。有条件补贴主要有以下几种具体方式。

① 返点补贴。厂家为了鼓励零售商多销售自己的产品，一般在年终时根据零售商的销售额或销售量进行返点。所谓返点就是返还现金，返点多少依据销售额的大小，大部分采用

百分比的方法来计算。

② 广告补贴。广告补贴是厂家从广告、招贴、海报等方面对零售商进行补贴，而不是价格折让或返点。对于零售商而言，广告同样重要，他们也面临竞争，也需要宣传自己，树立形象，尤其是大型零售商，需要经常进行广告宣传。厂家为了拉拢这些零售商，会以广告赞助形式激励零售商。

③ 集中展示补贴。这是厂家要求零售商按照厂家规定，进行特殊商品陈列而给予零售商补贴的一种特殊形式。比如，要求零售商将产品集中摆放在超级市场过道的一端或两端，以便顾客挑选；或者要求零售商专门设置一个展台，用于摆放厂家自己的产品，指示厂家产品的位置。由于对零售商提出了要求，厂家就必须对零售商进行补贴。

2. 零售补贴的优缺点

（1）零售补贴的优点

① 富有弹性。厂家可根据目标市场的需求变化而随机实行，也可根据不同区域而灵活使用；可长期使用，也可短期使用。

② 促销方案易于制定和执行。因为是针对零售商而非针对消费者，相对容易操作，执行也比较简单。

（2）零售补贴的缺点

① 可能导致零售商盲目进货，造成虚假畅销。零售商为了拿到更多的补贴，有时会大量进货，然后慢慢出货，尤其是保质期长的商品，零售商宁愿积压也要拿到补贴，然后逐渐消化库存。这样，就会出现零售商上一年度进货多，而下一年度进货明显减少的情况。给厂家一个错误信号，容易使生产出现混乱。有时，零售商会违反统一零售价的规定，擅自降价，勤进快销，降价的损失通过返点得到补充，但会使厂家的价格体系混乱。

② 可能会使零售商的胃口越来越大。零售补贴刺激了零售商的积极性，但零售商很可能会因为销售成绩好而对厂家提出更多的要求，况且，同类产品的其他厂家也会给零售商补贴。零售商很可能会因此要挟厂家答应自己的一些过分要求，导致厂家无法控制零售商。

3. 零售补贴的运作

零售补贴促销是针对零售商的一种激励行为，通过各种形式的补贴刺激零售商多销售自己的产品。这种促销方式既有优点，也有缺点，在使用时要注意下面几个问题。

（1）促销的实际效果

零售补贴的最终目的是让更多的消费者购买企业的产品，无论哪种补贴方式，厂家都要督促商家完成“临门一脚”，使产品最后到达消费者手中。一定要防止产品长时间停留在零售商手中，厂家并不是将产品卖给零售商，而是要帮助零售商将产品顺利地卖给消费者。对于厂家的业务员而言，一定要树立正确的销售观念，仅仅将产品卖给零售商还没有完成任务，即使零售商全部付清了货款，所有的风险都从厂家转移到零售商身上，如果零售商最后形成积压，产品没有卖出去，厂家的促销也是失败的。一旦零售商受到损失，其积极性必然大受影响，如果此时竞争对手乘虚而入，零售商很可能就会出现强烈的倾向性。因此，必须明确：零售补贴是厂家为了帮助零售商更好地销售自己的产品而采取的一种激励手段，厂家和商家的利益是一致的。

（2）补贴方式

厂家应根据具体情况采用不同的零售补贴方式。当市场竞争比较激烈时，厂家全方位、大面积促销时，可采用统一的补贴，无论零售商规模大小、时间长短、业绩好坏，都享受同样的补贴政策，这时，可采用购买补贴、免费附赠补贴、返点补贴，目的是扩大促销范围；对于少数规模大、业绩好且长期合作的零售商，可采用延期付款、广告补贴、集中展示补贴等方式，给予他们特别的优惠政策，建立长久而密切的合作关系；在节假日促销，广告补贴和集中展示补贴是不错的方式。

（3）进行有效的店头监督

为了保证零售补贴的效果，厂家应对零售商进行有效监督，防止个别零售商不按规定执行。比如，不按要求集中展示，展台掺杂其他厂家的产品，私自扣留赠品，不执行统一降价规定以及其他违反厂商协议的行为等。

8.2.7 POP广告

POP广告（Point Of Purchase Advertising）也叫售点广告，是指在超级市场、百货商场、连锁店、杂货店等零售店的橱窗里、走道旁、货架、柜台、墙面以及天花板上，以消费者为对象的彩旗、海报、招贴、招牌、陈列等广告物。POP广告通常是为了弥补媒体广告的不足，强化零售终端对消费者的影响力。

1. POP广告的类型

POP广告可以由零售店自制自用，也可以由厂家制作然后提供给零售店使用。零售店自制的POP广告主要是要突出零售店的特色，强化形象。比如，统一的色彩、装饰风格、服务宗旨以及统一的商品分区，包括零售店搞促销活动使用的海报、招贴画、横幅（直幅）、电动字幕等。这里主要介绍厂家的POP广告，这是当今的主流，各个零售店POP广告也主要是厂家制作的，具体类型有以下几种。

① 招牌。在很多零售店，尤其是规模不大的零售店，招牌多由厂家免费制作。这类招牌的共同特点是：招牌上既有零售店的名称，同时又有厂家产品的名称和图案。这是一种两全其美的方法，零售店节约了招牌制作费，厂家免费打广告。但大型零售商和连锁经营的超级市场不会采用这种方法，因为这种招牌主要突出产品而非零售店的名称。

② 配套的机器设备。制冷的饮料展示柜、销售冰激凌的冰柜、香烟展示柜，以及印有品牌的产品展台、陈列架等，由于能够明显看到品牌，这些机器设备能够起到广告宣传作用。

2. POP广告的优缺点

（1）POP广告的优点

POP广告之所以被大量使用，无论对厂家还是零售商，以及对消费者，它都有其他广告媒体所不可比拟的优势。

① 对厂家而言，POP广告相对于其他形式，可以说是最省钱的广告，制作费用低，消费者接触面广，广告效果好，好的POP广告能够给消费者留下深刻的印象。

② 对零售商而言，厂家制作的POP广告一般都很精美，并且大部分是免费的，可以起到美化卖场的作用，使顾客心情愉快，刺激他们购物。这样，不仅提升人气，而且可以带动其他商品的销售。特别是超级市场，服务人员相对少一些，卖场布置得好坏会在很大程度上

影响销售额，POP广告可以使卖场更生动，更有吸引力。

（2）POP广告的缺点

POP广告虽然有很多优点，但同时也存在以下一些不足。

① 容易忽略零售店的利益。厂家制作的POP广告主要考虑自身利益，设计思路也是围绕产品来展开的，有时，对零售店的实际情况考虑不够，很容易导致与零售店的整体风格不一致，或者不能很好地吸引消费者。

② 容易出现混乱。一个零售店不可能只有一个厂家提供的POP广告，当多个厂家都向同一家零售店提供POP广告时，不同风格、不同形式的POP广告难免会发生冲突，甚至会让消费者感到眼花缭乱、头昏脑涨。POP广告讲究画龙点睛、点到为止，太多则过，过多的POP广告则会使卖场显得凌乱，不仅达不到促销效果，反而会影响消费者的购买心情。

3. POP广告的运作

POP广告同其他广告一样，需要进行详细的策划和运作，才能达到预期效果。运作POP广告需要考虑以下几个问题。

（1）计划与发展

POP广告属于企业广告计划的一部分，首先应该服从于企业的市场营销计划。大部分企业都不是自己制作POP广告，而是委托给专业制作公司，因此，企业必须让这些制作公司了解企业的意图和目的，保证制作出来的POP广告与企业的整体规划保持一致。

（2）执行

企业通常会将POP广告业务交给促销专家来执行，包括促销经理、品牌经理、商品经理或企划经理等，他们对各个零售店比较熟悉，也很了解消费者的消费习惯，相对而言，执行的效果更好。他们除了评估各种POP广告是否吻合既定目标外，还能依据编列的预算逐步实施。

（3）制作公司

一个好的制作公司应该从创意策划到过程实施都有专业人才，如果制作公司不能很好地理解广告主的意图，效果就会大打折扣。要达到促销效果，制作公司必须贯彻广告主的思想并根据零售店的实际情况综合考虑各种因素，既要保证广告的艺术性，又要保证广告的针对性，最终保证促销效果。

8.2.8 其他促销方式

除了以上几种主要的促销方式外，还有以旧换新、消费信贷、现场演示、商品展销等方式。

以旧换新主要适用于耐用消费品，可以是促销厂家的产品，也可以是其他厂家的产品，主要目的在于巩固与老客户的关系，同时拓展新的客户。

消费信贷是厂家或商家通过与银行联合，为消费者购买耐用消费品提供按揭贷款。如购买汽车等高档消费品，采用按揭贷款这种方式能够缓解消费者的购买压力，从而刺激消费。

现场演示是指促销员在销售现场一边演示，一边介绍，有时还会指导顾客试用。俗话说："言传不如身教"，通过现场演示，能够使顾客很直观地了解产品的特性，从而刺激消费者产生购买欲望。

商品展销则是通过专门的展销会突出某一产品的品牌或宣传企业，提高企业及其产品的知名度，同时增加销售额。

由于市场竞争的不断加剧，企业的促销方式也在不断地推陈出新，各种千奇百怪的促销活动也越来越多。有的企业搞人体彩绘，有的办时装秀，有的在商场门口搞攀岩比赛……

8.3 促销方案的策划

8.3.1 策划促销方案的程序

无论促销活动的规模大小，策划促销方案时都是按图8-1所示的程序进行的。

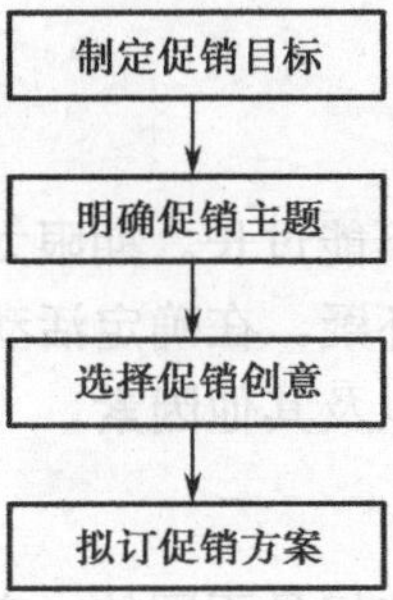

图8-1 策划促销方案的程序

促销活动能否达到预期目标，关键在于促销方案的策划。促销活动要有新意和针对性，要能够充分调动消费者的积极性。

（1）促销目标

促销是一种阶段性行为，促销目标也就是一种阶段性目标，必须服从于企业的整体市场营销目标并考虑市场状况。制定促销目标应力求准确性、现实性和科学性。

促销只是一种手段而不是目的，因此，必须明确为什么要进行促销，是为了宣传新产品还是为了巩固品牌形象，或者是为了反击竞争对手的促销攻势从而保持市场的均衡。如果目标不明确，就很难选择具体的促销方式，甚至无法确定促销的力度。如果盲目制定目标，则很可能出现目标太低或太高的状况。

（2）促销主题

主题的设计要能激发消费者的购物冲动，引起消费大众的注意。拟订促销方案时，主题应鲜明生动、通俗易懂并结合流行热点。比如，"购物达××元，免费看世博"的抽奖活动，就是紧紧抓住2010年世界博览会这个主题。促销主题应紧扣流行时尚、热点、焦点等消费者比较关注的话题。

（3）促销创意

促销创意主要体现在新、奇、特。如果一味照搬其他企业的促销方式，消费者往往缺乏足够的兴趣，所谓见怪不怪，同样的促销活动见多了，消费者的参与热情自然会减退。因此，促销创意必须求新、求奇、求特，使消费者感到好奇、新鲜，感到很特别，感到与众不同，促销活动才会有吸引力。

（4）促销方案

拟订的促销方案应该是具有可操作性的具体实施方案，促销方案中必须明确促销地点、时间、方式、口号、促销品种、促销人员的分工及要求，甚至发放礼品、回收优惠券等工作细节都应该在方案中详细标明。拟订的促销方案还需要进行审定和检验，确保促销活动的成功。

8.3.2 拟订促销方案应考虑的主要因素

（1）促销时机

促销时机的选择应根据消费需求时间的特点并结合企业的市场营销战略来确定，日程安排应与生产和分销保持一致。

（2）促销期限

促销活动的期限既不能过短，也不能过长。期限太短，会失去一部分消费者；太长又会增加活动成本并很可能让消费者产生怀疑。在确定活动期限时，应综合考虑产品特点、消费者购买习惯、促销目标、竞争者策略以及其他因素。

（3）促销对象

不同的促销对象对于促销方式的偏好是不同的，青少年喜欢玩游戏，老年人喜欢免费试用，女性则喜欢折价优待。因此，必须明确促销的目标顾客群是哪个群体，采用哪种方式最有效。

（4）促销预算

对促销活动的总开支应有一个规划和控制，尽量做到少花钱，多办事。这就要求企业在拟订促销方案时必须考虑促销活动每一个环节，每一个步骤，在完成促销目标的前提下精打细算。

本章小结

促销是促进销售的简称，是企业为了提升产品形象，扩大销售额所采取的一系列活动。促销是一种企业与消费者之间的沟通方式，包括广告、公关关系、人员促销和营业推广四种手段。通常所说的促销主要是指营业推广，营业推广是指企业在某一段时间内采用特殊方法对消费者或中间商进行强烈刺激，以激励他们加大购买力度。

促销既可以由生产厂家策划进行，也可以由零售商单独进行，但大部分是厂家和零售商联合进行；厂家促销既可以针对消费者，也可以针对零售商。

当企业推出新产品需要进行宣传推广时，为了强化产品和企业形象，或者为了稳固市场份额，或者为了应对竞争对手的攻击，都需要搞促销活动，促销活动一般是几种促销手段组合使用，这称为促销组合。

促销的方式主要有：赠送优惠券、折价优待、集点优待、竞赛和抽奖、免费试用、零售补贴、POP 广告，以及以旧换新、消费信贷、现场演示、商品展销等。

促销策划包括制定促销目标、明确促销主题、选择促销创意和拟订促销方案四个步骤，拟订促销方案应考虑促销实际、促销期限、促销对象和促销预算并制定相应的应急方案。

习题8

选择题

1. 促销组合中，使用最频繁、消费者最熟悉的一种手段是（　　）。

A. 广告　　B. 公关　　C. 人员促销　　D. 营业推广

2. 人们通常所说的“促销”主要是指（　　）。

A. 广告　　B. 公关　　C. 人员促销　　D. 营业推广

3. 下列不属于折价优待的优点的是（　　）。

A. 能够紧紧维系现有顾客　　B. 能够调动零售商的积极性

C. 能够培养客户的忠诚度　　D. 能够有效攻击竞争对手

4. 生产厂家和超级市场联合促销，以下哪种方式的效果最好（　　）。

A. 发放优惠券　　B. 折价优待　　C. 竞赛和抽奖　　D. POP广告

5. 在促销活动的准备工作中，下列描述错误的是（　　）。

A. 活动前五天准时完成标准陈列以及所有产品的标价、宣传品和促销品的布置

B. 促销合约应注明时间、店名、陈列面积、陈列方式、店方进货数量、结算方式、促销费用标准、支付方式、现场促销人员数量、工作区域等

C. 策划人直接对执行人员用书面、口头、图示、现场演示等方式，充分说明活动内容，活动前一周确认所有物品、资料、人员是否到位，明确各自职责和奖惩制度

D. 活动前三天，销售人员落实相关订单，确保卖场有足够的货源

6. 以下关于促销与营销的关系说法，正确的是（　　）。

A. 促销就是营销　　B. 促销是营销策略中的一部分

C. 促销是营销的发展　　D. 营销的重点是促销

7.（　　）比较适合现阶段我国彩色电视机行业的广告目标。

A. 培养品牌的偏好　　B. 描述可提供的服务

C. 鼓励消费者改用本企业的品牌　　D. 强化或改变对产品的信念

8. 能引人注意、送达率高，但成本大、转瞬即逝的广告媒体是（　　）。

A. 杂志　　B. 报纸　　C. 广播　　D. 电视

9. 企业在确定广告目标后，下一步即要确定（　　）。

A. 媒体采购　　B. 广告人员　　C. 广告形式　　D. 广告预算

10. 广告的四大媒体通常是（　　）。

A. 报纸、杂志、广播、电视　　B. 报纸、杂志、广播、电影

C. 报纸、杂志、橱窗、路牌　　D. 报纸、杂志、电视、橱窗

11. 在（　　），企业应把促销规模降到最低限度，以保证获得足够的利润。

A. 成长期　　B. 成熟期　　C. 投入期　　D. 衰退期

12. 人员促销作为一种促销方式，其优点是（　　）。

A. 沟通信息直接　　B. 反馈及时　　C. 可当面促成交易　　D. 以上所有

案例分析8——适时＋低价　销售暴增

在中国吉林省长春市，某一并不出名的品牌每个月在欧亚超市单店的销售额竟高达五六万元。如此高的单店产出，得益于一场看似平常却意义非凡的促销活动，使该品牌能在该商场及消费者中的知名度得以迅速提高。2010年10月，第一场较强冷空气到达东北地区，该品牌在长春地区的经销商马上与欧亚超市取得联系，以每支手霜仅售五角钱的惊爆价在周六、周日两天进行堆头限量促销，一时间抢购的人蜂拥而至，两条长长的抢购队伍吸引了商场各层促销员、商场其他工作人员和数以万计的商场顾客，他们记住了该品牌。从此该品牌在欧亚超市的销售额也由原来的每月几千元在半年左右的时间猛窜到五六万元。在该商场的盈利也达到了每年20万元。商场内部人员有60%以上用该品牌护手霜。

【案例思考】

1．该产品促销活动为什么会取得成功？

2．你认为哪类商品适合采用这种促销方法？

实训8

课堂训练：促销方案策划

主　　题： 节日现场促销

课　　时： 2学时

地　　点： 教室（最好在校内实训基地，如超级市场、商场）

过程设计： ① 教师指定某一品牌的商品，要求学生拟订该品牌节日现场促销方案。

② 学生设计方案并当场陈述。

③ 选择最佳促销方案。

目　　的： ① 巩固学生所学知识，熟悉各种促销方式。

② 培养学生的创新意识，提高其语言表达能力、逻辑思维能力。

注意事项： ① 学生提前搜集相关资料并撰写促销方案。

② 可将学生分为若干小组，小组人数不限，自由组合。

③ 以小组为单位进行陈述。

建　　议： ① 最好指定学生比较熟悉的商品。

② 学校可与该商品生产厂家或经销商联系实战事宜。

③ 将该次活动中学生的表现计入学生毕业考试成绩。

实战演习：实施促销方案

主　　题： 现场促销

地　　点： 超级市场或商场

过程设计： ① 联系生产厂家，商讨促销的具体事宜，落实资金、人员、物品等具体细节。

② 联系拟举行促销活动的超级市场或商场。

③ 做促销前的各种准备工作。

④ 实施促销方案。

目　　的：锻炼学生的实际工作能力，检验学生的真实水平。

注意事项：① 明确学生各自的职责并严格遵守各项规章制度。

② 促销期间，学生一律按公司员工标准进行考核，工作成绩计入毕业考试成绩。

阅读材料 8——促销的“漏洞”

福建省福州市有一家比萨餐厅在网上发布了促销活动公告：全场 9 寸比萨，一律仅售 8 元，每桌限点一份。这里就有一个明显的漏洞：由于商家的活动策划中并未要求每桌消费者必须不低于多少人，所以即使一个人也可以算做单独一桌。这样，如果 3 个人同往该店，只要装作互不认识各坐一桌，就能享受 24 元买 3 份 9 寸比萨的优惠。

因此，许多人都很兴奋地把这个链接发给好友，相约一同前去“占便宜”。处于经济危机、嘴巴又想吃好东西的人们自然是一拍即合，下班后便纷纷前往。他们为了“入戏”，甚至分几次乘坐电梯进入大堂。当服务员热情地邀请他们入座并问有几位时，他们斩钉截铁地说：“一位”。

坐定后他们一边看菜谱，一边四下张望同来的朋友，发现相隔并不太远，于是点头窃笑后开始点餐：一杯 8 元的可乐，再加一份 9 寸的金枪鱼比萨。

更有趣的是，他们在等待上菜的过程中与服务员搭讪，问如果还想邀请两位朋友来消费，是否也可以享受 8 元的优惠活动。本以为服务员会严词拒绝，不想他们却被小声告知：“如果你们坐一桌是不能享受的，一桌只能点一份。但如果你真的想叫的话，可以先分桌坐，最后分单结账，这样就没问题了。”

上菜后，他们纷纷端起盘子聚到了同一桌上，假装“无意中”碰到了好友，只留下装了 1/6 块比萨的盘子在原来的位置上。本以为会遭到服务员的劝阻，却想不到服务员就当没看见，甚至在他们吃了一小会儿后，还微笑着走过来问是否需要帮他们把剩下的东西拿过来，没有一点责问的意思。众人于是立刻点头道谢。

其实，这个所谓的“漏洞”不过是一个策划者早就设计好的圈套。策划者充分利用了人们爱钻空子、贪小便宜的心理，把一个早就计划好的让利促销活动以另一种方式推出。这样的设计，远比直接告诉大家“每人可按 8 元价格享受一份原价 53 元的 9 寸比萨”效果要好得多。想想“发现”这个“漏洞”并向好友讲起时的兴奋，我们不得不佩服这种新型的“病毒营销”，因为它在让消费者进入营销圈套的同时，还一个劲儿地为自己的“聪明”沾沾自喜。

CHAPTER

9

第 9 章　网络营销策略

知识要点

- ❖ 网络营销的基本概念。
- ❖ 传统电商模式下的网络营销。
- ❖ 植入式网络营销。
- ❖ O2O 立体式网络营销。
- ❖ 网络营销与传统营销的关系。

能力要点

- ❖ 掌握什么是网络营销与网络营销市场环境，能认识在目前信息时代，网络营销已成为最重要的市场营销方式。
- ❖ 能针对目前网络营销方式的实际情况，掌握网络营销的几种基本方式，并具有一定的实战能力。

引例 9

当代企业经营正处在一个技术转折、信息爆炸和市场急剧变化的时代。在这个时代，商品和信息泛滥，产品市场饱和，广告有效性下降，顾客忠诚度降低，品牌忠诚度弱化。企业要想将营销和沟通信息传递到目标客户的成本越来越高，过程也越来越困难。

在信息大爆炸的网络时代，产品向需求的转换和企业与市场的沟通变得越来越重要。企业依靠传统的营销媒体和手段，想要在茫茫人海中准确寻找到对自己的产品有需求的客户变得越来越困难；同时，客户和消费者要在企业或产品之林中找到自己满意的商品也绝非易事。网络的出现彻底改变了商家和顾客之间的关系，迫使传统的营销模式发生变化。

于是，各种媒体的营销模式开始引起企业的关注，网络已经成为当代企业吸引并抓住客户、传播营销理念、展示产品（或服务）特点、沟通市场信息、驱动市场发展的主要渠道和窗口。

当当网 1999 年正式开通，目前向全世界网上购物人群提供包括图书、音像、家居、数码等百万种商品的在线销售，是当前最大的中文网上商城。然而，当当网也面临前进道路中的巨大冲击，易趣、淘宝、卓越等电子商务无不对当当形成威胁。为此，如何强化品牌形象、巩固市场地位、在激烈竞争中取胜非常重要。当当选择在大型门户网站上投放为期一个月的网络广告，覆盖包括网易、腾讯等近千家国内优秀媒体。通过丰富多彩的广告表现以及广告内容与文章关键词的匹配，充分引起网民对广告的关注，总PV达到40亿条，点击达到500万次，不仅形成了广泛的品牌影响力，同时也有效带动了当当网的销售增长。

9.1 网络营销概述

20世纪90年代初，计算机网络的飞速发展在全球范围内掀起了计算机互联网的应用热潮，世界各大公司纷纷利用互联网提供信息服务和拓展公司的业务范围，并且按照互联网的特点积极改组企业内部结构和探索新的营销管理方法，网络营销因此诞生。

网络营销的出现为企业提供了适应全球网络技术发展与信息网络社会变革的新的技术和手段，也是现代企业走入新世纪的营销策略。

9.1.1 网络营销的基本概念

什么是网络营销？网络营销（On-line Marketing或E-Marketing）是指以互联网为基础，利用数字化的信息和网络媒体的交互性来辅助营销目标实现的一种新型的市场营销方式。简单地说，网络营销就是以互联网为主要手段进行的，为达到一定营销目的的营销活动。

在现实生活中，许多人认为电子商务即等于网络营销。事实上，网络营销与电子商务既有区别又有联系：电子商务的核心是电子化交易，强调交易方式和交易全过程的各个环节；而网络营销注重以互联网为主要手段的营销活动，主要研究的是交易前的各种宣传推广及交易中的营销手段。网络营销可看作是电子商务过程的一个部分，商家在开展电子商务交易过程中可开展不同层次的网络营销活动。网络营销是一个管理过程，建立在传统营销理论基础之上，以互联网络为载体的新营销方式、方法和意识的现代市场营销。

9.1.2 网络营销市场环境

随着计算机网络不断的飞速发展，给企业市场营销创造了新的条件和手段，也越来越成为市场营销活动的基础，创造着新的商业规则，一个虚拟的电子时空正在发展成为与现实环境并行的市场营销环境。层出不穷的信息和高速增长的用户使Internet成为市场营销者日益青睐的新资源，网上的市场营销活动也从产品宣传及信息服务，扩展到市场营销的全过程。网络营销环境是市场营销者的行为时空，是作用于企业营销系统运行的一切外在的参与者和影响力。从这个意义上讲，社会经济、文化、技术、法律、竞争者、公众、供应商等，都构成企业的环境力量。这些环境因素会影响企业的市场以及营销活动，制约企业为顾客服务的能力和赢利能力。

与传统营销环境相比，网络营销环境具有以下特点：企业营销更多地受国际惯例而不是区域特性的影响；可控与不可控营销要素的界限发生变化；在网络营销情况下，环境要素作为一个整体对市场营销的影响减少，然而，微观环境要素中的顾客影响力却迅速增大等。

9.2 网络营销的基本方式

常见的网络营销方式有许多，对于网络营销职能的实现，需要通过一种或者多种网络营销的方法完成。而随着生产力水平的不断提高，科学的进步特别是计算机网络技术和环境的不断进步，网络营销的方式不断变化。

9.2.1 传统电商模式下的网络营销

1. 搜索引擎注册与排名

搜索引擎注册与排名是最经典、最常见的网络营销方式之一。搜索引擎指自动从互联网搜集信息，经过一定整理以后，提供给用户进行查询的系统。互联网上的信息浩瀚万千，而且毫无秩序，所有的信息像汪洋上的一个个小岛，网页链接是这些小岛之间纵横交错的桥梁，而搜索引擎，则为用户绘制一幅一目了然的信息地图，供用户随时查阅（见图 9-1）。它们从互联网提取各个网站的信息（以网页文字为主），建立起数据库，并能检索与用户查询条件相匹配的记录，按一定的排列顺序返回结果。在主要的搜索引擎上注册并获得理想的排名，网站正式发布后尽快提交主要搜索引擎，是网络营销的基本任务。能够提高搜索引擎优化的主要有搜索引擎优化及关键词搜索。

图 9-1 常见搜索引擎

搜索引擎优化（SEO），简单来说就是能够让网页、关键词排名靠前的各种方法。在网络以抓取机器人为标志的技术性搜索引擎（如百度、Google 等）中获得一个好的排名不是很简单，网站的收录和排列位置都与网站的质量密切相关，因此做好 SEO 非常重要。一个更容易被搜索引擎接受的网站，应该是搜索引擎搜索信息，并且返回的搜索结果让用户觉得很有吸引力，这样才能达到使用搜索引擎的目的。

关键词广告是充分利用搜索引擎开展网络营销活动的一种手段，是付费搜索引擎营销的主要形式，近年来它已成为搜索引擎营销中发展最快的一种。关键词广告形式比较简单。通常是文字广告，主要包括广告标题、简介和网址等因素；显示方法比较合理。出现形式与搜索结果分离，一般不影响后者；可以随时查看流量统计。购买广告之后可以获得一个管理入口实时地查看广告流量情况和费用情况。关键词广告可以方便地进行管理。广告主可以根据统计的关键词情况和竞争对手情况来调整自己的广告策略。

亚马逊中国可能是很多网民都了解的B2C网站，但是可能没有多少人知道他们其实一直投入巨大的成本在搜索引擎营销上，也取得了非常丰厚的回报。中国搜索引擎的媒体化发展，以及在为大品牌广告主服务的过程中，形成特有的广告展示方式，即"品牌专区"模式，按照大品牌广告主的要求，将近期要发布的详细信息展示在左侧结果列表首位，并在右侧赞助商链接的位置展示与其一致的品牌图形广告。借助付费搜索引擎营销，亚马逊中国2011年营业额达到10亿美元，可以说成绩斐然。

"品牌专区"模式对大品牌广告主而言，一方面能够满足其付费搜索广告的精准信息传播需求，另一方面能够满足其通过图形广告树立品牌形象的需求。品牌专区类广告形式的出现，为大品牌广告提供了三个方面的帮助：

① 对品牌树立的帮助来看，允许大品牌广告主自由决定搜索结果的板块内容，即允许大品牌广告主将自己的网站内容浓缩在一个搜索结果中。

② 从对销售促进的帮助来看，能够实时更新产品信息，将最新的促销信息实时呈现。

③ 这类广告形式还为大品牌广告主提供了良好的公关平台。新广告形式的出现，为搜索引擎营销的投放策略提供了良好的铺垫。

2. 网络广告

网络广告是最常见的一种网络营销手段，相比传统高额广告费，网络广告具有低成本、有效、快捷等优势。在各大热门门户网站投放广告，针对目标人群更强，回收效果更好（见图9-2）。

图9-2 网络广告在网站上投放

3. 病毒式营销

病毒式营销并非真的以传播病毒的方式开展营销，而是通过用户的口碑宣传网站，使信息像病毒一样传播和扩散，利用快速复制的方式传向大批用户进行宣传。例如，大众点评网，它是中国领先的本地生活信息及交易平台，也是全球最早建立的独立第三方消费点评网站。它为用户提供商户信息、消费点评及消费优惠等信息服务，在这种评价机制下，好的商家更容易获得大众的认可从而获得无限商机。

9.2.2　植入式网络营销

1．植入式广告与植入式网络营销

植入式广告（Product Placement），是指把产品或品牌符号甚至服务内容通过创意策略手段融入影视剧、电视节目、平面媒体、互联网、户外媒体等媒介载体的内容中，通过在这些媒介载体中的再现，使消费者在无意识的状态下接受这些信息，留下对产品及品牌的印象，继而影响并改变消费者对产品的态度及日后的购买行为。植入式广告由来已久，在国内，它最先被应用在电影和电视剧当中，自1990年开始用于春节联欢晚会等大型综艺类节目，2005年电视选秀活动大行其道，许多品牌又开始与选秀活动联姻，开展植入式营销。这些历史证明，每当有新的营销平台出现，植入式营销就会与其结合，形成新的营销传播模式。2005年以后，随着电子商务类网站、网络游戏和虚拟社区的发展，品牌开始与它们结合，并渐渐形成新的互联网品牌传播的主流。

植入式网络营销，顾名思义即是在网络中植入广告，潜移默化让消费者接受这种营销方式。互联网植入式广告开始崭露头角并为人们所关注始于2006年以后网络游戏中品牌信息的植入。在不到十年的发展过程中，网络游戏运营商逐渐摸索盈利模式，从最初选择书报亭和邮币市场作为营销途径，到盛大挖掘拓展出网吧渠道，再到在线销售系统逐渐成熟和规范，直到2006年网络游戏开始大规模进军植入式营销。例如，在风靡一时的开心网社交平台上“种菜”游戏植入中粮集团悦活果汁系列；“停车位”游戏中植入大众等众多品牌的不同车型等。

电子商务网站、网络游戏、虚拟社区等网络新宠的出现，为企业提供了新的品牌传播平台。一些网站将品牌软性地植入网页、社区、游戏、在线服务中，这种方式成本较低，具有良好的黏性和发散性，又具有“润物细无声”的效果，跳出了传统广告的直白诉求模式，以更加隐蔽、积极、动人的形式潜入观众的视野，大大增强了传播的有效性。从《魔兽世界》与可口可乐的联手，到腾讯与可口可乐、统一、仁和等品牌的倾力合作，再比如社交网站开心网这种新的植入式营销开始在国内异军突起。

2．植入式网络营销的特点

与传统营销模式相比较，植入式网络营销有以下特点。

① 传播主体的多样化，使得植入方式多样化。在传统方式中，传播的主体只能是企业、广告代理商和记者、编辑、导演等大众媒介的工作人员，他们在信息的制作过程中，将产品或者品牌的信息植入到影视剧、电视节目、户外媒体或者报纸上。而在网络时代，不仅如此，每个网民都可以成为互联网的信息制作者、发布者，他们通过社交平台和门户网站等各种网络平台发布信息，这些信息中包含了大量的产品和品牌信息，往往成为无偿植入的典型。

② 传播双方的互动性大大增强，信息个性化增强，受众对品牌的体验程度深入，诉求空间扩大。为了接收影视剧、电视节目、报纸的内容，传统媒体的受众被迫强制性地接受了植入的产品或品牌的信息，而对于产品或品牌的其他信息一无所知，植入式营销的效果到此为止。在互联网上，植入式营销正是一系列互动过程的开端。植入的广告可以因时因人而异，受众会接触到为其定制的个性化信息。网络链接会把消费者带到他们感兴趣的品牌的网页，他们可以充分了解自己需要的信息。另外，互联网信息的易得性使得受众可以自发搜寻或者无意点击到自己需要的信息，对其进行比较、斟酌并发表意见。不仅如此，线上植入式营销往往与线下营销结合在一起，使得诉求空间更为广阔，受众与品牌的接触深度增强，参与程

度更高。

③ 互联网信息黏度大，品牌信息暴露时间可以大大拉长。在传统媒体中，受众接触品牌信息的时间是有限的，因为受众是在观看影视剧、电视节目、报纸、杂志时接触品牌信息，一次性连续接触这些媒介的时间尚且不多，更不用说接触转瞬即逝的植入的品牌信息了。在网络媒体中，植入的载体往往是电子商务网站、网络游戏、网络社区等需要长时间在线的平台，有的互联网用户甚至可以连续在线 24 小时，这远远超过传统媒体，那么接触和了解品牌信息的时间也大大延长了。

④ 最重要的是，网络媒体的综合性特征使得植入的模式不断地创新。网络集影视媒体、平面媒体、户外媒体于一身，从而使植入式营销的形式也不断地创新，呈现出多元化的特征。目前已有文中植入、论坛植入、游戏场景植入、游戏道具植入、游戏整合植入、社交平台植入、网络自制剧植入，等等。

3. 植入式网络营销的种类

按照媒体种类分，植入式网络营销主要可以分为影视类媒体植入、网络媒体植入。

影视类媒体的植入是植入式营销发展的最初阶段，长期以来最受研究者关注。这种植入式营销的主要形式有：

① 道具、服饰类。这种形式把产品直接作为演员的道具或服饰，借助演员及其所饰演的角色的身份、地位等来突出产品功能或品牌个性。换句话说，就是演员在剧中穿的、戴的、用的都是植入的产品。例如，著名电影《变形金刚》系列中的雪弗来、诺基亚、孩之宝玩具、伊利，甚至是周黑鸭等;《欲望都市》中的烈酒、服饰、珠宝、鞋子。

② 场景类。把品牌符号植入角色活动的场景之中，如麦当劳餐厅和星巴克咖啡馆。

③ 文化类。如韩剧《大长今》植入的韩国的传统美食、服饰文化，国产剧《大宅门》中对于中国传统的中医文化的植入等。

植入式就是营销主在钓鱼，有心人自会上钩。植入式营销在影视剧中最先被应用，随着网络传播尤其是 Web2.0 时代的到来，与网络媒介的结合使植入式广告上了一层新台阶。从植入式网络营销发展的现状来看，植入式网络营销已经超过了植入式广告的范畴。腾讯公司提出了“全景式植入营销”，这是一种利用创意策略手段和技术手段把品牌全方位、多角度地融入到传播媒体的理念，体现了整合营销传播的思想。另外，可口可乐等品牌在网络游戏中的植入已经不仅是单纯的品牌信息的暴露，还是各种植入方式的整合，这些植入方式往往与交互式传播相连。从这个角度上说，植入式广告的概念已经发展为一种营销理念。这种把与产品或与品牌相关的元素软性地融入到传播媒体的内容中的理念统称为植入式营销。这些传播媒体包括电影、电视、广播、报纸、杂志、互联网、户外媒体等，甚至手机短信、小说等。植入式营销较植入式广告更能体现当前的发展趋势，更强调理念而不是单纯的“植入术”。基于此，相对于植入式广告，植入式营销不只是一种营销方式，更是一种传播理念。植入式网络营销是植入式广告发展到网络时代的新阶段，是植入式理念与互联网结合的表现形式。

植入式营销作为一个重要的非广告策略日益受到重视。它与整合营销传播的关系可以描述为：

① 整合营销传播是植入式营销的理论基础。植入式营销就是从消费者出发，通过整合消费者所能接触到的各种娱乐项目和其他沟通领域、整合各种植入方式，使产品或者品牌的

信息得到策略性的展示。

② 整合营销传播的兴起也促进了植入式营销媒介环境的成熟和市场的成长。

③ 整合营销传播理论认为，各种形式的传播手段都可以运用，以完成我们所设定的传播目标。植入式营销的兴起，大大地拓展了整合营销传播的空间。

因此，植入式营销的策略原则是：将植入式营销融入整合营销传播的视野之中，综合、协调、创造性地运用各种植入媒体，与品牌的核心理念和营销目标保持一致，与其他信息传播方式一起，完成品牌信息的精准化、全方位、多角度传播。

9.2.3 社交网络时代下的“微”营销

在互联网时代下，网络技术的成熟与更为普遍的应用，使得营销手段在网络中开始广受关注和推广，网络营销开始出现和发展，各种电商应运而生。随着网络分众化、小众化的发展趋势越来越明显，更为微观层面的移动终端平台和交互运用相继出现，为网络营销的发展带来了新的发展途径，然而环境会对企业市场营销工作产生很大的影响。

微营销是现代一种低成本、高性价比的营销手段，主要表现在微博、微信等平台。与传统营销方式相比，“微营销”主张通过“虚拟”与“现实”的互动，建立一个涉及研发、产品、渠道、市场、品牌传播、促销、客户关系等更“轻”、更高效的营销全链条，整合各类营销资源，达到了以小博大、以轻博重的营销效果。

1.“微博营销”——把企业搬到微博上

微博作为新兴媒体，从功能与营销价值角度来讲，都为营销提供的新鲜元素。从功能上来讲，微博营销集市场调研、产品推广、客户关系管理、品牌传播、危机公关为一体（见图 9-3）。那么什么是微博营销？微博营销是指企业或非营利性组织利用微博这种新兴社会化媒体影响其受众，通过在微博上进行信息的快速传播、分享、反馈、互动，从而实现市场调研、产品推广、客户关系管理、品牌传播、危机公关等功能的营销行为。

图 9-3 星巴克中国在新浪微博上企业认证号

① 微博营销的主体是企业和非营利性组织。与传统营销不同，非营利性组织也是微博营销的重要主体。非营利性组织由于其预算的有限性，对信息发布系统与人才的投入不像企业那样充裕。因此，一种易操作、低成本而又高效的信息传播工具对非营利性组织而言是非常重要的。微博的出现正符合非营利性组织这种需求。

② 微博营销的方式是在微博网站上进行信息的快速传播、分享、反馈、互动。微博的特点决定了微博的营销方式。微博的本质是信息的快捷传播与分享，这决定了企业利用微博进行营销的方式、企业在微博上进行的一切营销活动都必须围绕这种方式进行。

③ 微博营销的功能是实现市场调研、产品推广、客户关系管理、品牌传播、危机公关等。

2. "微信营销"——点对点的精准营销系统

微信营销是网络经济时代企业或个人营销模式的一种，是伴随着微信的火热而兴起的一种网络营销方式。微信不存在距离的限制，用户注册微信后，可与周围同样注册的"朋友"形成一种联系，订阅自己所需的信息，商家通过提供用户需要的信息，推广自己的产品，从而实现点对点的营销（见图 9-4）。

图 9-4　企业微信公众号营销推送

微信营销主要体现在以安卓系统、苹果系统的手机或者平板电脑中的移动客户端进行的区域定位营销，商家通过微信公众平台，结合转介率微信会员管理系统展示商家微官网、微会员、微推送、微支付、微活动，已经形成了一种主流的线上线下微信互动营销方式。

① 点对点精准营销。微信拥有庞大的用户群，借助移动终端、天然的社交和位置定位等优势，每个信息都是可以推送的，能够让每个个体都有机会接收到这个信息，继而帮助商家实现点对点精准化营销。

② 平台式营销。开放平台：通过微信开放平台，应用开发者可以接入第三方应用，还可以将应用的 LOGO 放入微信附件栏，使用户可以方便地在会话中调用第三方应用进行内容选择与分享。例如，美丽说的用户可以将自己在美丽说中的内容分享到微信中，可以使一件美丽说的商品得到不断的传播，进而实现口碑营销。公众平台：在微信公众平台上，每个人都可以用一个 QQ 号码，打造自己的微信公众账号，并在微信平台上实现和特定群体的文字、图片、语音的全方位沟通和互动。

③ 强关系的机遇。微信的点对点产品形态注定了其能够通过互动的形式将普通关系发展成强关系，从而产生更大的价值。通过互动的形式与用户建立联系，互动就是聊天，可以解答疑惑、可以讲故事甚至可以"卖萌"，用一切形式让企业与消费者形成朋友的关系，你不会相信陌生人，但是会信任你的"朋友"。而在微信平台上，"朋友圈"内的每个人都可能是

营销主体，使营销变得不再仅仅只是企业的事情。

9.2.4 O2O 式的立体网络营销

O2O 营销模式又称离线商务模式（Online-to-Offline），是指线上营销、线上购买带动线下经营和线下消费。O2O 通过打折、提供信息、服务预订等方式，把线下商店的消息推送给互联网用户，从而将他们转换为自己的线下客户。例如，现在著名的“大众点评团”等各种团购类网站。O2O 模式在线上找资源，线下做交易，利用传统产品与网上虚拟相结合更符合传统企业。对买家而言，通过网上筛选和询价服务，线下交流和购买；对于企业而言，可以把所有的品类展示在网上，传播快，信息及时，便于修改价格和库存，提高产品的销售额。因此，在竞争日益激烈的“商场”上，这种低成本的运营渠道吸引了越来越多的商家的注意。

1．传统的 O2O 模式

2010 年起，团购网站把 O2O 带入了大家的视野中，到目前为止，O2O 已被用于绝大多数企业的经验模式中来。从美团网提出的概念——每天团购一下，到目前各大团购网站的兴起，给消费者带来了逢消费都要看一下有没有团购这样的消费理念，给传统餐饮、旅游、娱乐带来了巨大冲击。比如，餐饮团购模式——优惠券购买模式、特价套餐模式和优惠买单模式等；旅游类 O2O 模式——特价酒店线上订房、旅游景点门票优惠或直接购买旅游套餐行程等；娱乐类 O2O 模式——电影线上订票线下兑换、KTV 线上团购线下消费等。这些全新的消费模式不仅方便了消费者也给商家带来不少优势，在推销产品的同时省去了大量人力物力，节约了成本（见图 9-5）。

图 9-5 电影线上买票和线下取票示例

2．新兴的 O2O 模式

① 滴滴出行：滴滴一下，让出行更美好。从 2012 年 6 月 6 日，北京小桔科技有限公司成立，到 2015 年滴滴由打车软件变为滴滴出行平台，滴滴已从出租车打车软件，成长为涵盖出租车、专车、快车、顺风车、代驾及大巴等多项业务在内的一站式出行平台，被称为手机“打车神器”，是受用户喜爱的“打车”应用。“滴滴出行”App 改变了传统打车方式，建立培养出大移动互联网时代下引领的用户现代化出行方式。较传统电话约车与路边招手打车来说，滴滴打车的诞生更是改变了传统打车市场的格局，颠覆了路边拦车概念，利用移动互联网特点，将线上与线下相融合，从打车初始阶段到下车使用线上支付车费，画出一个乘客与司机紧密相连的 O2O 完美闭环，最大限度优化乘客打车体验，改变传统出租司机等客方式，让司机师傅根据乘客目的地按意愿“接单”，节约司机与乘客沟通成本，降低空驶率，最大化节省

司乘双方资源与时间。它的优势在于匹配用户和司机的需求，减少司机的空载，提高效率。截至2015年9月，第三方调研数据显示，滴滴已占据国内出租车叫车软件市场99%的份额。据统计，2015年GMV达到120亿美元，而规模化必然伴随着不断延展的品牌冲动。目前，滴滴每天实现300万出租车订单，超过300万的专车订单，峰值223万的顺风车订单，业务覆盖全国360个城市（见图9-6）。

图9-6　滴滴打车软件

② 外卖代购类：饿了么。“饿了么”是中国最大的餐饮O2O平台之一，公司创立于2009年4月。作为O2O平台，“饿了么”的自身定位是连接“跟吃有关的一切”。除了现有的餐饮配送业务，目前“饿了么”已经将触角延伸至商超配送等其他领域。“饿了么”整合了线下餐饮品牌和线上网络资源，用户可以方便地通过手机、计算机搜索周边餐厅，在线订餐、享受美食。与此同时，“饿了么”向用户传达一种健康、年轻化的饮食习惯和生活方式。除了为用户创造价值，“饿了么”率先提出C2C网上订餐的概念，为线下餐厅提供一体化运营的解决方案。

9.3 网络营销与传统营销

9.3.1 网络营销与传统营销的联系与区别

网络营销作为新兴、不断发展的营销方式，与传统营销既有区别又有联系。

网络营销与传统营销的相同点：

① 两者都是一种营销活动。

② 两者都需要企业的既定目标。

③ 两者都把满足消费者需求作为一切活动的出发点。

④ 两者对消费者需求的满足，不仅停留在现实需求上，而且还包括潜在需求。

网络营销与传统营销的不同点：

① 在产品上：在互联网上进行市场营销的产品可以是任何产品或任何服务项目，而在传统营销领域却很难做到。

② 在价格上：在互联网上营销的价格，可以调整到更有竞争力的位置上。

③ 在销售上：网络营销具有“距离为零”和“时差为零”的优势，改变了传统的迂回

模式，可以采用直接的销售模式，实现零库存、无分销商的高效运作。

④ 在促销上：Web方式具有更丰富的内涵和实现方式。

⑤ 在决策上：网络营销的决策内容更多、响应速度更快。

9.3.2 网络营销对传统营销的冲击

1. 对传统营销策略的冲击

① 对标准化产品的冲击——向不同的客户提供不同的商品。

② 对定价策略的冲击——不利于价格歧视的执行。

③ 对品牌全球化管理的冲击——单一品牌和多品牌均有问题。

④ 对营销渠道的冲击——对中间商的作用会有影响。

⑤ 对传统广告障碍的消除——网络广告可以消除传统广告的障碍。

2. 对传统营销方式的冲击

① 重新营造顾客关系：网络营销的企业竞争是一种以顾客为焦点的竞争形态，争取新的顾客、留住老顾客、扩大顾客群、建立亲密的顾客关系、分析顾客需求、创造顾客需求等，都是最关键的营销课题。

② 对营销战略的影响：在互联网的环境下，企业间的策略联盟是网络时代的主要竞争形态，如何运用网络来组成企业的合作联盟，并以联盟所形成的资源规模创造竞争优势，将是网络时代企业经营的重要手段。

③ 对跨国经营的影响：任何渴望利用互联网进行跨国经营的公司，都必须为其经营选择一种恰当的商业模式，并要明确这种新型媒体所传播的信息和进行的交易将会对其现存模式产生什么样的影响。

④ 企业组织的重整：互联网的兴起，改变了企业内部的作业方式及员工学习成长的方式，个人工作者的独立性与专业性将进一步提升。因此，个人工作室、在家上班、弹性上班、委托外包、分享业务资源等行为，在未来将会十分普遍，也使企业组织重整成为必要。

企业为适应网络环境必须对组织结构进行调整，这是将业务转换到互联网上的组织性挑战。公司必须成立一个由经理人员组成的处理全球业务的部门来对相互联系的各分销网络进行统一协调，及时跟踪全球的发展动态。由于互联网用户对公司营销策略贯彻执行的时效性和响应效率有较高的预期，所以企业必须成立一个特别的顾客服务部来处理客户信息。

9.3.3 网络营销与传统营销的整合

1. 网络营销不可能完全取代传统营销

网络营销不可能完全取代传统营销，即使在今后可预见的很长的一段时期，网络营销和传统营销将互相影响、互相补缺和互相促进，直至到将来最后实现相互融合的内在统一。网络营销不可能完全取代传统营销鉴于下述理由。

① 到目前为止，在互联网上的电子商务市场仅仅是整个商品市场的一部分，从电子商务市场的交易金额来看，仅仅占整个市场交易金额的一小部分。

② 作为在网上新兴的虚拟市场，它所覆盖的消费群体也只是整个市场中的某一部分群体，其他许多群体由于各种原因还不能或者不愿意使用互联网，如各国的老年人和落后国家

地区的消费者。

③ 互联网作为一种有效的营销渠道有着自己的特点和优势，但许多消费者由于个人生活方式的原因不愿意接受或者使用新的沟通方式和营销渠道，如许多消费者习惯于在传统的商场里购物（休闲）而不愿意在网上购物。

④ 互联网作为一种有效的沟通方式，虽然可以使企业与用户相互之间方便直接进行双向沟通，但有些消费者因个人偏好和习惯，仍愿意选择传统方式进行沟通。

⑤ 营销活动所面对的是有灵性的人，而互联网只是一种工具，因此传统的以人为本的营销策略所具有的独特的亲和力是网络营销所无法替代的。

2. 与传统营销的整合

（1）整合营销的概念

整合营销是一种系统化地结合各种营销工具和手段，并根据环境进行即时性的动态修正，以使交换双方在交互中实现价值增值的营销理念与方法。整合营销就是为了建立、维护和传播品牌及加强客户关系，而对品牌进行计划、实施和监督的一系列营销工作。

整合营销包括传播统一性、双向沟通和目标营销三个方面的内容。传播统一性指企业以统一的传播资讯向消费者传达，即用一个声音来说话(Speak with One Voice)；双向沟通是指与消费者的双向沟通，即消费者可与公司展开富有意义的交流，可以迅速、准确、个性化地获得信息、反馈信息；目标营销是指企业的一切营销活动都应该围绕企业的目标来进行，以实现目标营销。

（2）整合营销的特点

① 在整合营销传播中，消费者处于核心地位。

② 对消费者深刻和全面的了解，是以建立资料库为基础的。

③ 整合营销传播的核心工作是培养真正的“消费者价值观”，与那些最有价值的消费者保持长期的紧密联系。

④ 在整合营销过程中，以本质上一致的信息为支撑传播企业信息。企业不管利用什么媒体，其产品或服务信息一定要清楚一致。

⑤ 以各种传播媒介的整合运用作为手段进行传播。凡是能够将品牌、产品类别和任何与市场相关的信息传递给消费者或潜在消费者的过程与方式，均被视为可以利用的传播媒介。

（3）整合营销的操作思路

① 整合为中心。着重以消费者为中心并把企业所有资源综合利用起来，实现企业的高度一体化营销。整合既包括企业营销过程、营销方式及营销管理等方面的整合，也包括对企业内外的商流、物流及信息的整合。

② 讲究系统化管理。整体配置企业所有资源，企业的各个层次、各部门的各岗位，以及总公司、子公司和产品供应商，与经销商及相关合作伙伴协调行动，形成竞争优势。

③ 强调协调与统一。企业营销活动的协调性，不仅仅是企业内部各环节、各部门的协调一致，而且也强调企业与外部环境的协调一致，强调共同努力以实现整合营销。

④ 注重规模化与现代化。整合营销十分注重企业的规模化与现代化经营。规模化能使企业获得规模经济效益，为企业有效地实施整合营销提供客观基础。整合营销同意也依赖于现代科学技术、现代化的管理手段，现代化可为企业实施整合营销提供效益保障。

本章小结

网络营销（On-line Marketing或E-Marketing）是指以互联网为基础，利用数字化的信息和网络媒体的交互性来辅助营销目标实现的一种新型的市场营销方式。简单地说，网络营销就是以互联网为主要手段进行的，为达到一定营销目的的营销活动。

（1）网络营销环境是市场营销者的行为时空，是作用于企业营销系统运行的一切外在的参与者和影响力。从这个意义上讲，社会经济、文化、技术、法律、竞争者、公众、供应商等，都构成企业的环境力量。这些环境因素会影响企业的市场以及营销活动，制约企业为顾客服务的能力和营利能力。

与传统营销环境相比，网络营销环境具有以下特点：企业营销更多地受国际惯例而不是区域特性的影响；可控与不可控营销要素的界限发生变化；顾客影响力迅速增大。网络营销情况下，环境要素作为一个整体对市场营销的影响减少，然而，微观环境要素中的顾客影响力却迅速增大等。

（2）网络营销的基本方式主要可分为：传统模式下的网络营销；植入式网络营销；社交网络时代下的“微”营销；O2O式的立体网络营销。

- 传统模式下的网络营销：搜索引擎注册与排名是最经典、最常见的网络营销方式之一。搜索引擎优化（SEO），简单来说就是能够让网页、关键词排名靠前的各种方法。关键词广告是充分利用搜索引擎开展网络营销活动的一种手段，是付费搜索引擎营销的主要形式，近年来它已成为搜索引擎营销中发展最快的一种。网络广告和病毒式营销都是传统网络营销的基本方式。
- 植入式广告（Product Placement），是指把产品或品牌符号甚至服务内容通过创意策略手段融入影视剧、电视节目、平面媒体、互联网、户外媒体等媒介载体的内容中，通过在这些媒介载体中的再现，使消费者在无意识的状态下接受这些信息，留下对产品及品牌的印象，继而影响并改变消费者对产品的态度及日后的购买行为。
- 微营销是现代一种低成本、高性价比的营销手段，主要表现在微博、微信等平台。与传统营销方式相比，微营销主张通过“虚拟”与“现实”的互动，建立一个涉及研发、产品、渠道、市场、品牌传播、促销、客户关系等更“轻”、更高效的营销全链条，整合各类营销资源，达到了以小博大、以轻博重的营销效果。
- O2O营销模式又称离线商务模式（Online-to-Offline），是指线上营销、线上购买带动线下经营和线下消费。

（3）网络营销作为新兴、不断发展的营销方式，与传统营销既有联系又有区别。它对传统营销方式有着不同程度上的冲击。

- 网络营销不可能完全取代传统营销，即使在今后可预见的很长的一段时期，网络营销和传统营销将互相影响、互相补缺和互相促进，直至到将来最后实现相互融合的内在统一。
- 整合营销是一种系统化地结合各种营销工具和手段，并根据环境进行即时性的动态修正，以使交换双方在交互中实现价值增值的营销理念与方法。整合营销就是为了建立、维护和传播品牌及加强客户关系，而对品牌进行计划、实施和监督的一系列营销工作。

扩展阅读：流行网络营销推广手法介绍

流行营销推广	流行网络营销推广手法
免费策略与营销	不管是在线下销售还是网络营销，免费永远是最容易成功的销售策略，当然，免费的目的一直是为收费
软文营销	目前最火爆的营销方式，不但可以直接突出具体产品优势，还可以塑造品牌
邮件营销（EDM）	经过垃圾邮件的洗礼，很多人都远离电子邮件营销，这却给优秀的邮件营销策略提供了足够的生存空间
社会化网络营销	社会化网络的兴起，代表着它具备足够的关注度和眼球，而吸引眼球是网络营销的基本策略之一
电子书推广	电子书是很传统的一种互联网传播模式，将这个模式运用于营销推广中，会取得让人惊喜的效果
链接交换	找到有价值的、精准的链接交换渠道和目的，灵活地采用链接交换的模式，将使看似普通的链接交换产生巨大的营销推广价值
维基(百度)百科推广	wiki 的庞大流量就意味着可以带来无限的商机
论坛营销	论坛是免费且无处不在的营销阵地，适合所有网络创业者充分使用
博客营销	新兴的博客在引领潮流的同时也在很大程度上相互竞争着话语权
资源合作	在商言商，没有永远的敌人，所以充分利用资源合作，扩展、完善自身产品的营销流程是必要的
付费搜索营销	百度、Google 对网民的引导作用早已不是秘密，利用付费搜索，往往能取得低投入、高产出的效果
网络危机公关	面对竞争时，网络危机公关将让胜利的天平偏向对营销者有利的一边

习题 9

一、填空题

1．网络营销是指以互联网为基础，利用____________和____________的交互性来辅助营销目标实现的一种新型的市场营销方式。

2．病毒式营销并非真的以____________的方式开展营销，而是通过____________，使信息像病毒一样传播和扩散，利用快速复制的方式传向大批用户进行宣传。

3．能够提高搜索引擎优化的主要有____________化及____________。

4．关键词广告是充分利用____________开展网络营销活动的一种手段，是____________的主要形式。

5．网络广告具有____________、____________、____________等优势。

6．在网络媒体中，植入的载体往往是____________、____________、____________等需要长时间在线的平台。

7．网络集____________、____________、____________于一身，从而使植入式营销的形式也不断地创新，呈现出多元化的特征。

8．微营销是现代一种____________、____________的营销手段，主要表现在微博、微信等平台。

9．微博营销的主体是____________和____________。整合营销包括了____________、____________和____________三个方面的内容。

10．O2O 营销模式是指__________________带动__________________。

二、简答题

1. 什么是网络营销？与传统营销环境相比，网络营销环境具有哪些特点？
2. 植入式营销与整合营销传播的关系是什么？植入式营销的主要形式有哪些？
3. 网络营销与传统营销的联系与区别是什么？
4. 如何做好网站的SEO化？
5. “微营销”的优势有哪些？

三、思考题

1. 你见过网络游戏植入营销案例吗？如果见过，你认为他成功吗？有哪些可以改进的地方呢？
2. 在日常生活中你使用过O2O服务模式吗？你的使用感受如何呢？
3. 你所认为最经典的网络营销案例是哪一起？它的成功之处在哪里呢？

案例分析9——经典成功案例“吃垮必胜客”

必胜客有一款自助沙拉，点了这款沙拉后，必胜客会给你一个盘子，用这个盘子你能盛多少就盛多少，但是只允许盛一次。这个盘子并不大，很浅，简单地装沙拉，根本装不了多少，所以，如何用那只可怜的小盘子装满喜欢的沙拉，也就成了一门有趣的学问。

为了吸引更多的人来吃必胜客，台湾必胜客以这款自助沙拉为基础，策划了一次名为“吃垮必胜客”的病毒式营销。

首先必胜客以网友的口吻，撰写了一篇题为《吃垮必胜客》的网文（也就是前面说的制造病毒），文中图文并茂地介绍了如何用那只小小的盘子盛取更多的沙拉。按照文章中的图文教程，我们可以巧妙地利用胡萝卜条、黄瓜片和菠萝块等堆到15层沙拉，如图9-7所示。

图9-7　必胜客“疯狂的沙拉”

网文写好后，必胜客开始通过邮件、论坛等手段传播该文，也就是传播病毒。很多收到邮件的网友都在第一时间把邮件发给自己身边的亲友或同事，并相约去必胜客一试身手。

有一位网友在网上留言：“我当时马上把邮件转发给我爱人了，并约好了去必胜客一试身手。到了必胜客我们立即要了一份自助沙拉，并马上开始按照邮件里介绍的方法盛取沙拉。努力了几次，终于发现盛沙拉用的夹子太大，做不了那么精细的搭建工艺，最多也就搭2～3层，不可能搭到15层。”

而到必胜客试过身手并且真的装满更多层沙拉的热心网友，会在网上发帖，介绍自己“吃垮必胜客”的成功经验。甚至有网友从建筑学角度，用11个步骤来论述“吃垮必胜客”的方法。

【案例思考】

如何利用互联网开展营销活动，谈谈你的想法。

实训 9

课堂训练：对植入营销的理解

主　　题： 思维拓展能力训练

课　　时： 2 学时

地　　点： 教室

过程设计： ① 结合教学内容，分阶段让学生搜集有关各类植入式营销/广告，按每组 5～6 人进行分组。

② 各小组先对每个人根据资料提出的观点进行讨论，并制作演讲 PPT，推选一名代表上台演讲。

③ 由授课教师对每组 PPT 制作及演讲推广根据其可行性、创意进行点评并颁发奖品。

实训目的： ① 培养学生搜集资料并进行信息分析的能力。

② 采用听、说、想、做、讲的形式，拓展学生的思维，提高其分析问题、解决问题的能力。

③ 收集优秀的植入式营销案例，学习他们的思路和模式，以激发自己的创意细胞。

建　　议： 教师可以围绕多种植入式营销案例，采取灵活多样的方式对学生进行各种能力的训练，严格合理分配学生在小组工作中的分工，以提高学生的综合素质和团队合作精神。

实战演习：为产品设计网络营销方案

实战准备： 为某一项特定产品或活动（如茶杯或本班主题班会）设计一个网络营销方案，包括学生进行分组咨询、调研（包括各项设计、准备等），在校内进行一次网络营销演习（包括开通产品或活动官方微博、微信；在校园论坛宣传；在允许的条件下联系企业进行植入或赞助等）。

实战目的： ① 通过模拟实习，了解各种网络营销途径，选择最适合目标对象的方案。

② 分析根据不同的目标对象哪些网络营销方式更适合。

实施方案： ① 指导教师应给予后台支持，包括技术、导向等。

② 建议以小组为单位，围绕下面的问题展开调研。

- 全面分析目标对象特性。
- 进行市场调研，了解你的营销对象吗？
- 你的营销方案适合你的受众群体吗？

③ 认真完成调研报告，并总结不同的网络营销方式所带来的不同效果。

阅读材料 9——淘宝——原来奔驰也能团

听说过汽车也能从网上团购么？淘宝聚划算团购平台就上演了一场汽车团购秀，这次团购的主角就是“全球最小汽车”——奔驰 smart。

2010 年伊始，团购网站风生水起，团购在消费者生活中无孔不入。沙发可以团购，衣服可以团购，零食可以团购……甚至连汽车也可以团购，只不过这次的主角是奔驰 smart。

原价17.6万，现在以13.5万的价格就能买到奔驰smart硬顶Style系列，这样极具诱惑力的价格，让消费者体验到团购的力量。

2010年9月6日，淘宝网上的奔驰团购迷你站上线，在不到24小时内吸引了30万名访问者，在各大网络论坛引起了轰动。9月9日上午10点，淘宝聚划算上的奔驰团购如期开团，在众多网友的关注下，出售件数直线攀升，24秒售出第一辆，3分钟售出39辆，37分钟99辆，1小时116辆，2小时143辆……3小时28分钟的时候，最后一辆奔驰车被买家拍走。淘宝聚划算强大的销售力显然也出乎奔驰的意料之外。原本计划持续21天的团购活动，竟然3个多小时就销售一空。活动本身也吸引了媒体争相报道。

在团购活动期间，奔驰更邀请20家皇冠信誉淘宝店铺参与支持这次活动，店主们分别在北京、上海、杭州、广州、武汉等地的时尚地标处以“smart城市艺术志”为主题，进行服饰搭配，拍摄时尚大片。

除了团购活动，奔驰还提供一辆smart车供淘宝用户进行一元秒杀，同时提供150辆smart车模，供用户以一元的价格进行团购。淘宝聚划算负责人慧空表示：“考虑到这是大宗团购，聚划算还提供了三天内可退还定金的反悔期限，也就是说，消费者有三天时间来检验自己的消费行为是否理性。”

聚划算是淘宝的团购品牌，也是淘宝覆盖全站的团购平台。从2010年3月22日进入团购市场以来，于8月13日出现日销售额的最高峰：4款团购产品的销售额突破900万元。

启示：聚划算与奔驰smart的合作，不仅是smart的一次经典电子商务营销案例，也是淘宝聚划算这个平台提升自身品牌的一次契机。淘宝网有广泛的知名度和庞大的年轻时尚客户群体，而奔驰smart是都市潮流的引领者、创意生活的代言。smart通过搭乘淘宝网购的快车，以“最in的方式”走进车迷生活。两者的合作开创了别具一格的汽车销售方式。这次团购活动也给汽车、奢侈品等高端品牌的线上营销提供了很好的思路和范例。

参考文献

[1] 周志轩. 成功零售店[M]. 成都：成都时代出版社，2008.

[2] 张承耀. 中国企业经营与管理案例[M]. 北京：经济管理出版社，2000.

[3] 胡东帆. 商品学概论[M]. 大连：东北财经大学出版社，2008.

[4] 周鹏. 综合营销实务[M]. 北京：电子工业出版社，2007.

[5] 李红梅. 现代推销实务（第 3 版）[M]. 北京：电子工业出版社，2011.

[6] 编写组. 卖场岗位实习[M]. 北京：高等教育出版社，2006.

[7] 于家臻. 市场营销基础（第 3 版）[M]. 北京：电子工业出版社，2014.

读者意见反馈表

书名：现代市场营销策略（第 3 版） **主编：**徐紫燕 宋锐 **策划编辑：**徐 玲

谢谢您关注本书！烦请填写该表。您的意见对我们出版优秀教材、服务教学，十分重要。如果您认为本书有助于您的教学工作，请您认真地填写表格并寄回。**我们将定期给您发送我社相关教材的出版资讯或目录，或者寄送相关样书。**

个人资料

姓名________年龄____联系电话____________（办）____________（宅）____________（手机）

学校______________________专业__________职称/职务__________

通信地址______________________邮编__________E-mail__________

您校开设课程的情况为：

本校是否开设相关专业的课程 □是，课程名称为______________________□否

您所讲授的课程是______________________课时__________

所用教材______________________出版单位______________印刷册数________

本书可否作为您校的教材？

□是，会用于______________________课程教学 □否

影响您选定教材的因素（可复选）：

□内容 □作者 □封面设计 □教材页码 □价格 □出版社

□是否获奖 □上级要求 □广告 □其他______________________

您对本书质量满意的方面有（可复选）：

□内容 □封面设计 □价格 □版式设计 □其他______________

您希望本书在哪些方面加以改进？

□内容 □篇幅结构 □封面设计 □增加配套教材 □价格

可详细填写：____

____

您还希望得到哪些专业方向教材的出版信息？

____

感谢您的配合，可将本表按以下方式反馈给我们：

【方式一】电子邮件：登录华信教育资源网（http://www.hxedu.com.cn/resource/OS/zixun/zz_reader.rar）下载本表格电子版，填写后发至 ve@phei.com.cn

【方式二】邮局邮寄：北京市万寿路 173 信箱华信大厦 1101 室 职业教育分社 （邮编：100036）

如果您需要了解更详细的信息或有著作计划，请与我们联系。

电话：010-88254591

反侵权盗版声明